Franz Vollmann

Über das Verhältnis der späteren Stoa zur Sklaverei im römischen Reiche

Vollmann, Franz: Über das Verhältnis der späteren Stoa zur Sklaverei im römischen Reiche
Hamburg, SEVERUS Verlag 2011.
Nachdruck der Originalausgabe von 1890.

ISBN: 978-3-86347-040-1
Druck: SEVERUS Verlag, Hamburg 2011

Der SEVERUS Verlag ist ein Imprint der Diplomica Verlag GmbH.

Bibliografische Information der Deutschen Nationalbibliothek:
Die Deutsche Nationalbibliothek verzeichnet diese Publikation in der Deutschen Nationalbibliografie; detaillierte bibliografische Daten sind im Internet über http://dnb.d-nb.de abrufbar.

© **SEVERUS Verlag**
http://www.severus-verlag.de, Hamburg 2011
Printed in Germany
Alle Rechte vorbehalten.

Der SEVERUS Verlag übernimmt keine juristische Verantwortung oder irgendeine Haftung für evtl. fehlerhafte Angaben und deren Folgen.

Vorwort.

Die umfangreiche Litteratur, welche zur Behandlung des vorliegenden Themas herangezogen werden musste, liefert den deutlichsten Beweis dafür, dass dasselbe schon das Interesse einer ganzen Reihe von Gelehrten, insbesondere in Frankreich, wachzurufen und zu fesseln vermochte. Über die meisten der auf das Gesamtgebiet der Untersuchung bezüglichen Einzelfragen liegen bereits Bearbeitungen vor, welche jedoch mehrfach zu ganz verschiedenen Resultaten gelangt sind. Die dem Ganzen zu grunde liegende Idee ist im allgemeinen anerkannt, ohne bisher eine **allseitige, erschöpfende** Begründung erfahren zu haben, welche auch ihre Gegner zu einer anderen Überzeugung gebracht hätte.

Der Verfasser hat sich bemüht, das reiche und doch in manchen Beziehungen lückenhafte Quellenmaterial vollständig zu berücksichtigen, um sich auf grund einer selbständigen Interpretation eine möglichst vorurteilsfreie Meinung bilden zu können. Ein neuer Gesichtspunkt wurde dem Stoffe dadurch abgewonnen, dass die bis jetzt noch vielfach dunkle Geschichte des Kolonats, jenes Vorläufers unseres mittelalterlichen Hörigenstandes, in den Bereich der Forschung gezogen wurde.

Im Charakter des römischen Volkes war es begründet, dass die ungeheure Menge der Sklaven, deren jeder freie Römer je nach seinen Mitteln eine geringere oder beträchtlichere Anzahl besass, einem viel traurigeren Lose verfallen war als der gleiche Stand bei den Griechen. Bekanntlich war bei dem Römer lange Zeit der starre Gerechtigkeitssinn ebensosehr ausgeprägt, wie ihm die Entwicklung des Gefühles der Billigkeit mangelte. Da nun aber der Sklave nach den herrschenden Grundsätzen des ius civile als Sache angesehen wurde, erklärt sich vollends die drückende Behandlung, unter der die römischen Sklaven im ganzen zu leiden hatten. In der frühesten Periode der römischen Geschichte war allerdings vermöge der Einfachheit und Unverdorbenheit der Sitten, etwas später durch die Strenge der Censoren allzu grosser Grausamkeit gegen Sklaven vorgebeugt. Allein mit der Zunahme des beispiellosen Luxus, mit dem stetigen Wachsen der Sklavenzahl verschlimmerte sich besonders in den letzten Jahrhunderten der Republik deren Lage in augenfälliger Weise. Allen Rechtsschutzes bar, waren die armen Geschöpfe der schrankenlosen Willkür ihrer Herrn ausgesetzt, so dass sie, wenn es diesen beliebte, gequält, gemartert, ja sogar getötet werden konnten. Und der Beispiele hiefür finden sich wahrlich nicht wenige![1] Die Mehrzahl der römischen Herrn war gegen die Sklaven ohne alles Gefühl,[2] und Beweise von Mitleid stehen

---

[1] Vgl. J. Marquardt, Das Privatleben der Römer, 2. Aufl. von A. Mau. Leipzig 1886. S. 182 ff.

[2] Sen. ep. V, 6 Fickert (47): infelicibus servis movere labra ne in hoc quidem, ut loquantur, licet. virga murmur omne compescitur et ne fortuita quidem verberibus excepta sunt, tussis, sternutamentum, singultus. magno malo ulla voce interpellatum silentium luitur.

ziemlich vereinzelt da. Um so freudiger müssen wir es begrüssen, dass allmählich sich auf diesem Gebiete mildere Anschauungen Bahn brachen und im Laufe der Zeit ein merklicher Umschwung zum Besseren sich unaufhaltsam geltend machte.

Gewiss waren es mehrere Faktoren, die durch ihr Zusammenwirken den Sklaven zur Verbesserung ihres Loses verhalfen. Da wir uns jedoch zum Ziele gesteckt haben, den Einfluss der Stoa eingehend nachzuweisen, welche, von Griechenland aus nach Rom verpflanzt, hier tiefgehende Wurzeln schlug, muss es uns genügen, die anderen in dieser Frage in betracht kommenden Faktoren nur gelegentlich zu berühren und festzustellen, inwieweit ihnen Wirkungen fälschlich zugeschrieben wurden, welche von den stoischen Ideen ausgingen.

Wir sind aber hiemit zugleich genötigt, die Untersuchung im allgemeinen vom Beginn der römischen Kaiserzeit nur bis zur Regierung des Alexander Severus zu führen, von wo an uns die berühmten grossen Juristen verlassen. War ja doch seit dem Ende des zweiten Jahrhunderts die Macht des Christentums in einer Weise erstarkt, dass dieses die edlen Bestrebungen des zu einer kurzen Reaktion berufenen Heidentums übernahm und herrliche Früchte zeitigte. Wir schlagen also in dieser Richtung den Mittelweg ein, indem wir einerseits das auf Unkenntnis oder verkehrter Erklärung der historischen Quellen beruhende Urteil einzelner katholischen und protestantischen Theologen, welche einen anderen als christlichen Einfluss unumwunden leugnen, als unzutreffend zurückweisen, andererseits Franz Overbeck[1]) nur insoweit beipflichten, als er behauptet, dass die Gesetze, welche zur Lockerung der Fesseln der Sklaverei in den drei auf Konstantin den Grossen folgenden Jahrhunderten erlassen wurden, verschwindend sind neben dem, was die vorhergehenden heidnischen Jahrhunderte geschaffen haben.

Die Wirkungen des Christentumes äusserten sich mehr im

---

[1]) Franz Overbeck, Studien zur Geschichte der alten Kirche. 1. Heft, 3. Aufsatz: Über das Verhältnis der alten Kirche zur Sklaverei im röm. Reiche. Schloss-Chemnitz 1875. Vgl. dort die einschlägige Litteratur!

Privatleben selbst als in der Gesetzgebung, aber auch insoferne ist das Verdienst der christlichen Lehre ein bedeutendes. Unsere Aufgabe aber ist es in erster Linie, darzuthun, welche Lehren der Stoiker insgesamt, speziell der römischen Vertreter dieser Schule dazu geeignet waren, eine Milderung der Ansichten über die Sklaverei herbeizuführen, sodann die Frage zu erörtern, ob wirklich der Stoizismus in jener Zeit die Ausdehnung und Macht besass, um so einschneidende Erfolge zu erzielen, und endlich klarzulegen, in welchen Stücken hiedurch in den beiden ersten Jahrhunderten der Kaiserzeit ein Umschwung zu gunsten der Sklaven eingetreten ist.

I.

Der Schwerpunkt der stoischen Philosophie ruht in der Ethik. Ihr ganzes Bestreben gipfelt in den Untersuchungen über die sittliche Aufgabe des Menschen und über die Forderungen, welche an ihn hinsichtlich seines Verhaltens gegenüber der Gemeinschaft herantreten. Wenn ihre Lehre auch die individuelle Unabhängigkeit verlangt, so sind doch auch ihre Bestimmungen über die Gestaltung eines Gemeinlebens betont und ganz in dem Standpunkte der stoischen Schule begründet. Der Ideengang, der dieser Ansicht zu grunde liegt, ist etwa folgender:[1)]

Der Trieb nach Gemeinschaft ($κοινονοημοσύνη$) ist mit der Natur selbst gegeben; denn der Mensch erkennt mittelst seiner Vernunft, dass er ein Teil des Ganzen ist, und, da er sich bewusst, dass die vernünftige Seele in allen Wesen eine und die-

---

[1)] Näheres hierüber findet sich bei: Zeller, Die Philosophie der Griechen, III 1, 1, 3. Aufl. Leipzig 1880. S. 264 ff.

selbe ist; so entwickelt sich in ihm der Trieb nach Gemeinschaft zwischen den einzelnen Vernunftwesen. Nachdem aber allen, denen Vernunft, auch die rechte Vernunft verliehen ist, haben auch alle ein Recht und ein Gesetz. Während sie nun das Bestehen von Staaten an und für sich als notwendig anerkennen, so achten sie doch das Staatsbürgertum gegenüber dem Weltbürgertum gering: viel höher stehe jener Staat, dessen Bürgerrecht alle Menschen ohne Ausnahme besässen. Hieran knüpft sich die unabweisbare Folgerung, dass jeder Mensch, ob er nun hohen oder niedrigen Standes, ob er frei oder Sklave, sei er Römer oder Barbar, nicht nur auf die Gerechtigkeit, sondern auch auf die Liebe und bis zu einem gewissen Grade auf das Mitleid des Nebenmenschen begründeten Anspruch habe. Nachdem die Stoiker den Sklaven als Menschen, nicht als blosse Sache betrachten, was liegt näher, als ihre an die Sklavenbesitzer gerichtete Forderung, nicht grausam gegen ihre Sklaven vorzugehen, sondern denselben eine menschenwürdige Behandlung angedeihen zu lassen!

Mehr theoretisch als praktisch von Bedeutung ist die Lehre, dass nur der Weise frei sei: $Μόνον\ τὸν\ σοφὸν\ ἐλεύθερον\ εἶναι$. Wurde auch den Satirikern dieser Satz ein Gegenstand des Spottes, so ist doch nicht zu leugnen, dass die Philosophen, von dieser Lehre ausgehend, ihren Blick auf die bestehenden Verhältnisse warfen und, soweit sie den eingebürgerten Begriffen und Einrichtungen entgegentreten konnten, es nicht verabsäumten, die vorhandenen Härten zu geisseln. Endlich war auch ein anderer Grundsatz der Stoa, wenn er auch bei oberflächlicher Betrachtung etwas schroff klingt, dazu angethan, die römischen Herrn zu einem im Interesse der Sklaven liegenden Vorgehen zu bestimmen, wir meinen jenes $ἀπαθῆ\ εἶναι\ τὸν\ σοφόν$, wie es Diogenes Laërtius[1]) ausdrückt. Mit Unrecht leitet man, so z. B. der Engländer Manahan,[2]) hieraus gegen die Stoiker den Vorwurf ab,

---

[1]) VII 117. [2]) Ambr. Manahan, deutsch aus dem Englischen von K. B. Reiching: Der Triumph der kath. Kirche in den ersten Jahrh. Regensburg 1861. S. 323.

dass sie in ihrer Härte irgend ein Gefühl des Mitleids und Erbarmens und der Menschlickeit für eine wirkliche Krankheit und Unordnung der Seele gehalten hätten. Der Philosoph Seneca widerlegt diesen Vorwurf selbst mit den Worten: Scio male audire apud imperitos sectam Stoicorum, tamquam nimis duram, et minime principibus regibusque bonum daturam consilium. Sed nulla secta benignior leniorque est, nulla amantior hominum et communis boni attentior, ut propositum sit usui esse aut auxilio nec sibi tantum, sed universis singulisque consulere.[1]) Seneca erklärt[2]) deutlich, was er unter Mitleid versteht, durch die Bemerkung, dass jeder Gute sich mild und sanft erweisen, Mitleid aber meiden solle. Nicht Strenge, sondern Grausamkeit schliesse die Milde aus; Milde, mit Gerechtigkeit gepaart, ehre den Menschen und unterscheide sich wesentlich vom fehlerhaften Mitleide. Solche Lehren konnten wahrlich nicht schädlich, sondern nur im Sinne der Humanität fruchtbringend wirken!

Dass wir aber, wie sich ergeben wird, die einschlägigen Sätze bei den späteren Stoikern häufiger finden als bei den ersten Vertretern dieser Schule, lässt sich zwanglos aus dem Fortschreiten der Kultur überhaupt und aus der durch die Ausbreitung des römischen Reiches bedingten Änderung der politischen Verhältnisse ableiten, worauf wir unten nochmal zurückkommen müssen. Man ging soweit, zu behaupten, dass die auf unsere Frage bezüglichen Grundsätze nicht von Anfang an in der stoischen Lehre enthalten gewesen, sondern von aussen in dieselbe hineingetragen worden seien. Zeller, der gründliche Kenner der griechischen Philosophie, spricht sich im entgegengesetzten Sinne aus: Alle jene Sätze seien tief im stoischen Systeme begründet.[3])

Die nun folgende teils bei Zeller sich findende, teils auf unserem eigenen Studium aller in betracht kommenden Quellen beruhende Zusammenstellung hat dem doppelten Zwecke zu dienen, einmal den Zusammenhang der Lehren späterer mit denen früherer stoischer Philosophen zu erhärten, sodann dadurch,

---

[1]) Sen. de clem. II, 5 § 2 f.; vgl. überhaupt II 4 — 7 ebenda.   [2]) a. a. O. § 1.   [3]) a. a. O.

dass wir uns bei der Anführung des Quellenmaterials möglichster Vollständigkeit befleissigen, aus der häufigen Wiederkehr der fraglichen Sätze unsere Leser die Überzeugung gewinnen zu lassen, dass die späteren Stoiker gerade auf dieses Gebiet den Schwerpunkt ihres Systems gelegt haben.

Schon Zeno und Chrysippus, die Ahnherrn der Schule, deren Lehren uns in den Hauptzügen von Diogenes Laërtius überliefert sind, fordern ein naturgemässes Leben. Φύσιν δέ, sagt Diogenes, Χρύσιππος μὲν ἐξακούει, ᾗ ἀκολούθως δεῖ ζῆν, τήν τε κοινὴν καὶ ἰδίως τὴν ἀνθρωπίνην;[1]) daraus ist zugleich ersichtlich, dass unter dem naturgemässen ein dem Gemeinwesen entsprechendes Leben zu verstehen ist, was auch durch andere Stellen bei Diogenes bestätigt wird.[2]) Mit der Zusammengehörigkeit aller Menschen ist aber auch unmittelbar der Begriff der Gleichberechtigung gegeben. Wenn wir auch keine Zeugnisse dafür haben, dass sie diesen Schluss wirklich gezogen haben, so steht doch soviel fest, dass sie nur eine Knechtschaft des Geistes, nicht aber des Leibes anerkannten, was die Missbilligung der Sklaverei involviert. Sie wandten ihren Satz „μόνον τὸν σοφὸν ἐλεύθερον, τοὺς δὲ φαύλους δούλους" auf die Praxis des Lebens an, indem sie die δεσποτεία als schlecht verwarfen.[3]) Dazu kommt, was Plutarch über den Kosmopolitismus des Zeno berichtet: „καὶ μὴν ἡ πολὺ θαυμαζομένη πολιτεία τοῦ τῶν Στωϊκῶν αἵρεσιν καταβαλομένου Ζήνωνος εἰς ἓν τοῦτο συντείνει κεφάλαιον, ἵνα μὴ κατὰ πόλεις μηδὲ κατὰ δήμους οἰκῶμεν, ἰδίοις ἕκαστοι διωρισμένοι δικαίοις, ἀλλὰ πάντας ἀνθρώπους ἡγώμεθα δημότας καὶ πολίτας, εἷς δὲ βίος ᾖ καὶ κόσμος ὥσπερ ἀγέλης συννόμου νόμῳ κοινῷ συντρεφομένης.[4]) Aber auch die Härte des Satzes, dass der Weise kein Mitleid kenne, wird schon durch Zeno gemildert, nach dessen Prinzip der Weise allen Menschen nur Gutes thun müsse,[5]) dass er ferner

---

[1]) Diog. Laërt. VII 89. [2]) VII 88 u. 123. [3]) Diog. Laërt. VII 122: εἶναι δὲ καὶ ἄλλην δουλείαν τὴν ἐν ὑποτάξει καὶ τρίτην τὴν ἐν κτήσει καὶ ὑποτάξει, ᾗ ἀντιτίθεται ἡ δεσποτεία, φαύλη οὖσα καὶ αὕτη. [4]) Plut. de Alex. Magn. fortit. I 6. [5]) Diog. VII 125.

εὔνοια und εὐμένεια empfiehlt[1]) und endlich einen seiner Freunde tadelt, der gegen einen Sklaven hart verfahren war.[2])

Doch genug von Zeno und Chrysippus! Ihrem Systeme wurde durch Panaetius und Posidonius bei den Römern Eingang verschafft. Bereits macht sich eine Milderung der härteren Sätze geltend, Denk- und Naturlehre treten zurück, während nunmehr die Sittenlehre stärkere Betonung und eine Ausbildung nach der praktischen Seite des Lebens erfährt.[3]) Leider sind von den Schriften dieser beiden Männer nur sehr geringe Überreste auf uns gekommen, die in unserer Frage wenig Aufschlüsse geben. Dafür besitzen wir in Ciceros Büchern „de officiis" ein Werk, als dessen Quelle er selbst seinen Lehrer Panaetius angibt. Auch macht die Ähnlichkeit vieler Gedanken in Ciceros Schriften de legibus und de finibus die Annahme wahrscheinlich, dass wir es auch hier mit Sätzen zu thun haben, die vom Stoiker Panaetius herrühren. Echt stoische Gedanken sind es, wenn Cicero die Welt als den gemeinsamen Staat der Menschen und Götter bezeichnet, in welchem man den eigenen Vorteil dem der Gemeinschaft unterordnen müsse.[4]) Bürger eines Staates seien alle, da allen von der Natur die Vernunft, ein Gesetz und ein Recht gegeben sei.[5]) Auf zwei Tugenden beruhe das Wohl des Gemeinlebens, auf Gerechtigkeit und Wohlthätigkeit (beneficentia „quam eandem vel benignitatem vel liberalitatem appellari licet").[6]) Auf solchen Ideen bauend, gedenkt Cicero auch der Sklaven, indem er sagt: Meminerimus autem etiam adversus infimos iustitiam esse servandam. Est autem infima condicio et fortuna servorum: quibus non male praecipiunt qui ita iubent uti, ut mercennariis; operam exigendam, iusta praebenda.[7])

Durch das Gesagte dürfte der Beweis dafür erbracht sein, dass die ersten Verbreiter des Stoizismus bei den Römern in unserer Frage sicherlich nicht der alten stoischen Lehre untreu

---

[1]) Diog. VII 116. [2]) Diog. VII 23. [3]) Vgl. Noack, Aus der Stoa zum Kaiserthron. Ein Blick auf den Weltlauf der stoischen Philosophie. Psyche V 1 Leipzig 1862. S. 10. [4]) Cic. fin. III 19, 64. [5]) Cic. leg. I 12, 33 und I 7, 23. [6]) Cic. off. I 7, 20, vgl. fin. III 21, 69; off. I 25, 88. [7]) Off. I 13, 41.

geworden sind, einen Fortschritt aber dadurch anbahnen, dass sie die Menschenrechte **des Sklaven ausdrücklich** anerkennen und so der Mahnung zu einer humaneren Behandlung desselben grösseren Nachdruck verleihen. Treten wir über die Schwelle des römischen Kaisertums, so begegnet uns zuerst der Stoiker Cornutus. Freilich sind uns von ihm keine schriftlichen Aufzeichnungen überkommen; wir haben jedoch hiefür einigen Ersatz an den Satiren des Dichters A. P e r s i u s Flaccus, welcher, wie die aus dem Altertum erhaltene vita Persii und der Inhalt seiner Satiren selbst beweisen, ein eifriger Anhänger der Stoa war.[1]) Die ganze fünfte Satire handelt von der stoischen Freiheitslehre, wobei allein der Wert der inneren Freiheit anerkannt, dagegen der Unterschied zwischen körperlicher Freiheit und Knechtschaft für gleichgiltig erachtet wird.[2]) Derartige Ansichten mussten den denkenden Römer allmählich zu einer vernünftigeren Betrachtung des Verhältnisses zwischen Herrn und Sklaven führen. Sodann lag hierin auch ein Trost für die Sklaven selbst, ähnlich demjenigen, welchen, allerdings in viel reicherem Masse, das Christentum dem Sklaven gewährte.

In bedeutend höherem Grade als Cornutus beansprucht unsere Aufmerksamkeit L. Annaeus Seneca, der stoische Welt- und Hofmann. Man hat gegen ihn die Anschuldigung erhoben, dass seine in blendender, wenn auch oft schwülstiger Sprache geschriebenen Werke nicht so ganz der reine Spiegel seines Handelns gewesen seien. Es mag sein, dass auch dieser edle Geist von den Fehlern seiner Zeit nicht vollständig frei war,[3]) jedenfalls aber liefern seine Schriften den Beweis, dass er sich zur Aufgabe gemacht, die den Römern vielfach geschwundenen Begriffe von Moral aufzufrischen und sie zu einem seinen ethischen Prinzipien besser entsprechenden Leben zu erziehen. Wenn irgend ein Schriftsteller der Kaiserzeit mit einem solchen Unternehmen Erfolg haben konnte, so war es Seneca, dessen Schriften zum

---

[1]) Vgl. F. Knickenberg, de ratione Stoica in Persii satiris apparente. Monasterii 1867. [2]) Besonders bezeichnend sind die Verse 109—118, 124—131, 73—79, 83—95. [3]) Vgl. O. Jahn, proleg. ad Pers. ed. p. XXXVI.

Teil schon aus dem Grunde in allen gebildeten Kreisen Roms und anderer Reichsteile sich Eingang verschafften, weil ihr Verfasser bei Hofe eine hochangesehene Stellung bekleidete. Es sind zwar Stimmen laut geworden, die den reinen Stoizismus Senecas in Zweifel setzen und der Ansicht huldigen, dass er manches von den Platonikern, manches von der christlichen Lehre entlehnt habe. Hierüber äussert sich Baur[1]) folgendermassen: „Was nun schon in so klaren Zügen den Charakter und die Farbe des Christentums an sich zu tragen scheint, ist nicht als eine vom Christentume ausgegangene Wirkung, sondern nur eine zu ihm erst führende, auf der nächsten Übergangsstufe stehende Entwicklung anzusehen. Zur Annahme positiver christlicher Elemente bei Seneca haben wir keinen Grund. . . . Man kann daher nur auf den Stoizismus selbst zurückgehen, um aus ihm zu erklären, wie auf einer solchen Grundlage eine dem Christentume verwandtere Denkweise sich bilden konnte." Dabei ist nicht zu übersehen, dass die stoische Philosophie so viele auseinandergehende Richtungen hat, dass sich die Lehre nach der individuellen Anlage des einzelnen in verschiedener Form darstellen konnte.[2]) Senecas Streben nach einer Milderung der stoischen Strenge ist unverkennbar; ihm kommt es darauf an, das System der Praxis des Lebens zu accommodieren.

Treten wir also seinen auf unsere Untersuchung bezüglichen Äusserungen näher!

Seneca gründet die Zusammengehörigkeit der Menschen auf die Gottverwandtschaft. Wie schon die älteren Stoiker die göttliche Natur und Würde des menschlichen Geistes zugaben,[3]) so spricht Seneca wiederholt und auf das nachdrücklichste den Gedanken aus, dass in der Seele des Menschen die Gottheit wohne, und der Mensch Gott gleich werde, weil die Vernunft

---

[1]) Baur, Seneca und Paulus, Hilgenfelds Zeitschrift für wissenschaftliche Theologie, 1. Jahrg. 1858, 2. u. 3. Heft, S. 453 f., neu herausgegeben von Zeller: drei Abhandlungen z. Geschichte der alten Philosophie. Leipzig 1875.
[2]) Vgl. Zeller, a. a. O. [3]) Plut. c. not. 36, 5 S. 1077; Philodem. περὶ εὐσεβ. col. 5 (8).

beiden gemeinsam sei.[1]) Diese Gottesverwandtschaft des Geistes wird auf den ganzen Menschen übertragen, wenn Seneca sagt: omnes, si ad originem primam revocantur, a dis sunt.[2]) Was folgert er nun hieraus? Gerade wie seine stoischen Vorgänger die Geistesverwandtschaft der Menschen! Alle seien einander gleich, alle Glieder eines grossen Körpers und von Natur aus verwandt, da diese sie aus dem nämlichen und zu dem nämlichen (ex isdem et in eadem) geschaffen habe.[3]) Mit Beziehung darauf vergisst der edle Denker aber auch der Sklaven nicht: „Servi sunt? immo homines. Servi sunt? immo contubernales. Servi sunt? immo humiles amici. Servi sunt? immo conservi, si cogitaveris tantundem in utrosque licere fortunae."[4]) Da alle denselben Ursprung und dieselbe Abstammung hätten, so sei niemand vornehmer als der andere.[5]) Die Betonung des Weltbürgertums gegenüber dem Bürgerrechte eines einzelnen Staates tritt auch bei ihm als Konsequenz aus den eben entwickelten Prinzipien hervor. Es genügt ihm nicht, darauf hinzuweisen, der Mensch sei nicht für einen einzigen Winkel geboren, keiner möge unglücklich sein, weil er das Vaterland entbehren zu müssen glaube: das Heim des Menschen sei die ganze Welt, deren Vorsteher die Götter.[6]) Seneca greift vielmehr tiefer ins Leben hinein: Ihm gelten die langen Reihen von Ahnenbildern im Atrium der Vornehmen sehr wenig. Da die Welt die gemeinsame Mutter aller ist, leiten auch alle ihren Ursprung von ihr ab.[7]) „Der Geist," sagt er an einer anderen Stelle, „kann ebensowohl auf einen römischen Ritter wie auf einen Freigelassenen oder Sklaven fallen. Was heisst römischer Ritter, Freigelassener oder Sklave? Es sind

---

[1]) Sen. ep. IV 2 § 8 (31) u. § 10; IV 12, 1 (41); XIV 4, 28 (92), XVII 2, 21 (102); de otio 4 (31). [2]) Ep. V 3, 1 (44). [3]) Ep. XV 3, 52 (95); vgl. auch consol. ad Helv. matr. 8, 4. [4]) Ep. V 6, 1 (47). [5]) De benef. III 28, 1 f.; vgl. ep. V 3 (44) allenth.; V 6, 8 (47); V 7, 2 (48); de benef. III 22, 2; VII 1, 8; de clem. I 3, 2; de vit. beat. 20, 3. [6]) Ep. III 7, 4 (28); VII 6, 1 (68); cons. ad Helv. matr. 9, 7; de vit. beat. 20, 4; vgl. auch ep. XVII 2, 21 (102); de benef. VII 1, 8; de ira II 31, 6; de anim. tranq. I § 6; III § 9; de vit. beat. 24, 2; de otio 4, 1 (37). [7]) De benef. III 28, 1.

blosse Namen, der Eitelkeit und dem Unrechte entsprungen."[1]) In der That ein mächtiger Mahnruf an das Ohr des hochfahrenden Römers! Mit Unrecht also knechtet der Freie den Sklaven. Wahrhaft frei ist nur der Tugendhafte, mit Recht ein Sklave nur der Schlechte zu nennen. Der Geist allein ist es, der den Menschen adelt. „Quis est generosus? Ad virtutem bene a natura compositus! Hoc unum intuendum est .... Animus facit nobilem."[2]) Da der Körper viel tiefer steht als der Geist,[3]) so ist niemand frei, wenn er ein Sklave seines Leibes ist;[4]) niemand, der „libidinis et gulae servus et adulterae, immo adulterarum commune mancipium" ist, darf irgend jemand seinen Sklaven nennen.[5])

Was liegt bei solchen Voraussetzungen näher als die Forderung allgemeiner Menschenliebe! Der Mensch soll hoch und niedrig, reich und arm, Freien und Sklaven in gleichem Grade die innigste Liebe zu teil werden lassen! Von allen Philosophen des Altertums empfiehlt er am wärmsten Milde und Wohlthätigkeit; Zorn und Grausamkeit sind ihm ein Greuel. Von den vielen schönen Aussprüchen dieser Art mögen hier vornehmlich die vielcitierten Worte Platz finden: „Ecce altera quaestio, quomodo hominibus sit utendum. Quid agimus? quae damus praecepta? Ut parcamus sanguini humano? Quantulum est ei non nocere cui debeas prodesse! Magna scilicet laus est, si homo mansuetus homini est .... Ille versus et in pectore et in ore sit: Homo sum, humani nihil a me alienum puto.[6]) Wiederum gedenkt er auch in dieser Hinsicht der Sklaven, indem er den römischen Herrn zur Gewissenssache macht, so sich ihren Sklaven gegenüber zu verhalten, wie sie von einem Höheren behandelt zu werden wünschten.[7]) „Servis imperare moderate", sagt er, „laus est. et in mancipio cogitandum est, non quantum illud impune pati possit, sed quantum tibi permittat aequi bonique

---

[1]) Ep. IV 2, 11 (31); vgl. ebend. § 8. [2]) Ep. V. 3, 1 ff. (44); vgl. III 7, 6 (28). [3]) Ep. VII 3, 16 f. (65); cons. ad Marc. 25, 1. [4]) Ep. XIV 4, 31 (92). [5]) De benef. III 28, 3; vgl. III 28, 1 ebend.; quaest. nat. lib. III praef. § 14. [6]) Ep. XV 3, 51 u. 53 (95). [7]) Ep. V 6, 9 f. (47).

natura, quae parcere etiam captivis et pretio paratis iubet . . . . Servis ad statuam licet confugere. Cum in servum omnia liceant, est aliquid, quod in hominem licere commune ius animantium vetet: quia eiusdem naturae est cuius tu." Und er beschwört auf das Haupt des Vedius Pollio, eines durch seine Grausamkeit berüchtigten Menschen, den Zorn der Götter herab.[1]) Desgleichen muntert er in einer von humanem Sinne überfliessenden Sprache seine Zeitgenossen auf, auch den Sklaven Wohlthaten zu erweisen, nachdem er ausführlich entwickelt hat, aus welchen Gründen gegen den Sklaven Gerechtigkeit zu üben sei, weshalb auch ein Sklave seinem Herrn Wohlthaten erweisen könne, warum den Verpflichtungen des Sklaven auch gewisse Rechte desselben entsprächen.[2])

Auch in der Lehre von den Affekten ist Seneca entschieden Stoiker. Seine häufigen, namentlich gegen den Zorn gerichteten Mahnungen, die uns allenthalben in seiner Schrift „Über den Zorn" begegnen, sind beredte Zeugen für die Richtigkeit dieser Behauptung.

Endlich darf auch nicht unerwähnt bleiben, dass Seneca (wie schon Cicero)[3]) mit scharfen Worten die empörenden Grausamkeiten der Arena brandmarkt, da ihm nicht entging, dass jene Blutstätten auf Männer und Frauen nur eine entsittlichende Wirkung ausübten, eine rohere Denk- und Empfindungsweise weckten und so zugleich die Schule für eine unmenschliche Behandlung der Sklaven bildeten.[4])

Ein Rückblick auf die Grundsätze unseres Philosophen über das Verhältnis des Menschen zu dem niedriger stehenden Nebenmenschen, dem Sklaven, bestärkt uns in der Überzeugung, dass Seneca in diesem Punkte nirgends der stoischen Doktrin untreu

---

[1]) De clem. I 18, 1 f.; vgl. ep. II 2, 1 (14); V 6, 13 f. (47); V 7, 2 (48); XV 3, 53 (95). De clem. I 1, 3; I 3, 2; I 6, 2; de ira I 5, 2; II 28, 6; II 31, 6; II 32, 1; II 34 allenth.; III 5 allenth., III 25, 4; III 27, 1; III 28, 2; III 43, 5 u. a. O; de vit. beat. 24, 2; de otio 3, 5. [2]) De benef. III 18—28; VII 3, 1 ff. [3]) Tusc. II 17, 41. [4]) Ep. I 7, 2 f.; ep. XIV 3, 33 (95); de tranq. an 2, 13.

wird, die bemerklichen Milderungen aber als der Ausfluss einer weicheren Natur zu gelten haben. Aus ihnen offenbart sich aber auch dessen Vorsatz, die alten eingewurzelten Begriffe über die Sklaverei in den massgebenden Kreisen zu erschüttern und einer neuen, menschlicheren Richtung die Bahn zu öffnen — herrliche Bestrebungen, die des reichsten Erfolges würdig waren!

Ein jüngerer Zeitgenosse Senecas war der Stoiker **Musonius Rufus**, dessen tugendhaftem Lebenswandel gleichzeitige und spätere Schriftsteller die grössten Lobsprüche spenden. Es ist daher um so mehr zu bedauern, dass von den „*ἀπομνημονεύματα Μουσωνίου*", als deren Verfasser Zeller den Grammatiker und Philosophen Valerius Pollio annimmt,[1]) nur unbedeutende Fragmente erhalten sind. Doch lässt selbst das wenige, was wir besitzen, den Schluss zu, dass er in den auf unsere Untersuchung bezüglichen Fundamentalsätzen mit den übrigen Stoikern völlig übereinstimmte. Wenn er nämlich auf grund der zwischen allen Menschen bestehenden „*κοινωνία*" seinen Anhängern vorschrieb, „*ἐνεργικοὺς καὶ φιλανθρώπους καὶ κηδεμονικοὺς τοῦ πέλας*" zu sein,[2]) so erweist er sich auch als Vertreter der kosmopolitischen Weltanschauung,[3]) deren Konsequenzen wir oben kennen gelernt haben.

In die Fusstapfen seines Lehrers Musonius trat als würdiger Schüler **Epiktet**, der, aus Phrygien stammend und als Sklave nach Rom gebracht, von Nero die Freiheit erhielt. Derselbe wusste nicht so fast durch Beredsamkeit und Mitteilungsgabe, als vielmehr durch seinen sittenreinen Lebenswandel einen weiten Kreis von Römern an sich zu fesseln und diente ihnen als leuchtendes Muster der Tugendhaftigkeit. Da er nichts Schriftliches hinterlassen hat, sind wir auf die Aufzeichnungen seines Schülers und Freundes Arrian angewiesen, der in seinen „*διατριβαὶ Ἐπικτήτου*" und in seinem „*ἐγχειρίδιον*" Aufschlüsse über

---

[1]) a. a. O. S. 730. [2]) Stob. floril. T. 48 (46) p. 338 l. 30 ff.; T. 67 (65) p. 412 l. 50 ff.; T. 67 (65) p. 414 l. 1 f., ed. Gaisford. [3]) Stob. flor. T. 40 (38) p. 234 l. 30 ff.: *κοινὴ πατρὶς ἀνθρώπων ἁπάντων ὁ κόσμος ἐστίν* . . . *(ὁ δ'ἐπιεικὴς) νομίζει εἶναι πολίτης τῆς τοῦ Διὸς πόλεως.*

Epiktets Lehren gibt. Das meiste Gewicht legt er in seiner Philosophie auf die Lehre von der Gottheit und von dem Verhältnisse des Menschen zu derselben. Nichts spricht er häufiger aus, als dass dem menschlichen Geiste der Stempel der Gottverwandtschaft aufgedrückt sei. „Οὐκ οἶδας", lässt ihn Arrian fragen, „ὅτι θεὸν τρέφεις, θεὸν γυμνάζεις; θεὸν περιφέρεις, τάλας, καὶ ἀγνοεῖς"[1]) und an einer anderen Stelle: „Ἀλλ' αἱ ψυχαὶ μὲν οὕτως εἰσὶν ἐνδεδεμέναι καὶ συναφεῖς τῷ Θεῷ, ἅτε αὐτοῦ μόρια εἶναι καὶ ἀποσπάσματα. οὐ παντὸς δ'αὐτῶν κινήματος, ἅτε οἰκείου καὶ συμφυοῦς ὁ θεὸς αἰσθάνεται."[2]) Auch er folgert hieraus die Pflicht der brüderlichen Liebe zu allen Menschen[3]) und bezeichnet die ganze Welt als die eigentliche Heimat des Menschen.[4]) Wie wenig war er daher mit den über die Sklaverei herrschenden Grundsätzen einverstanden! „Εἰ βούλει," sagt er, „δούλων ἐκτὸς ὑπάρχειν, αὐτὸς ἀπολύθητι δουλείας· ἔσῃ δ'ἐλεύθερος, ἂν ἀπολυθῇς ἐπιθυμίας."[5]) Und er vergleicht die Dienste, welche ein Sklave einem Freien leisten muss, mit der Pflege eines Gesunden durch einen Kranken, um das Verkehrte dieser Zustände anzudeuten.

Indes fehlt es nicht an Gelehrten — auch Wallon zählt zu ihnen[6]) —, denen Epiktets Lehren, da sie in dem Satze zu gipfeln schienen, der Mensch habe nichts als seine Seele, zu wenige Berührungspunkte mit dem praktischen Leben bieten. Prinzipien wie der Satz, alle Menschen seien Sklaven,[7]) könnten kaum die Römer zum Mitleid gegen ihre Sklaven angespornt haben. Wir glauben, dass die Summe aller dieser Sätze gar wohl im stande war, einerseits die Herrn zur Einsicht zu bringen, dass infolge der natürlichen Gleichberechtigung der Sklave ein Anrecht auf eine humanere Behandlung habe, andererseits der bedrückten Menschenklasse wenigstens einigen Trost zu spenden.

---

[1]) Arrian. Epist. diss. II 8, 12. [2]) I 14, 6; vgl. ebend. I 3 allenth.; I 9, 1; I 12, 25; I 13, 3; III 22, 82; IV 1, 78; IV 1, 99—103 u. 107; IV 7, 6 ff. [3]) Diss. I 13, 2 f. [4]) Diss. I 9, 1; I 13, 4 f.; II 5, 26; II 8, 12 f.; III 5, 16; III 22, 47; IV 7, 6 f. [5]) Stob. flor. Ιε, ed Meineke, p. 137 l. 6—11. [6]) Wallon, histoire de l'esclavage dans l'antiquité, III Bde. Paris 1847. [7]) Diss. I 29, 60 f.; III 20, 8 u. sonst.

Übrigens liess es Epiktet sicherlich auch an direkten Mahnungen nicht fehlen, wie jenes „μὴ χαλεπαίνειν μηδὲ ῥήγνυσθαι"[1]) beweist.

Auch bei diesem Philosophen kann man nicht mit Recht von einer Entlehnung christlicher Ideen sprechen. Alle vorgebrachten Gedanken sind folgerichtig aus dem stoischen Lehrgebäude hervorgegangen. Jene Annahme ist schon aus äusseren Gründen unhaltbar, da aus Arrian ersichtlich ist, wie geringschätzig Epiktet über die Christen, Galiläer genannt, urteilte.[2])

Wir übergehen die übrigen weniger bedeutenden Stoiker jener Zeit, um uns zu jenem Manne zu wenden, welcher das Banner des Stoizismus auf dem römischen Cäsarenthrone hisste, wir meinen Mark-Aurel.

Es würde die Bemerkung genügen, dass der kaiserliche Stoiker in allen für uns massgebenden Fundamentalsätzen seinem Lehrer Epiktet folgte, wenn wir nicht beabsichtigten, durch Anführung der vielen Aussprüche dieser Art zu zeigen, welches Gewicht auch Mark-Aurel auf diese Materie legte.

Gleich seinem Vorgänger Epiktet geht er von der dem menschlichen Geiste innewohnenden Gottheit aus. Wie oft erwähnt er in seinem „τὰ εἰς ἑαυτόν" betitelten Werkchen „τὸν ἔνδον ἐν τῷ στήθει ἱδρυόμενον δαίμονα," „τὸν ἐν σοὶ θεόν" oder „νοῦ κοινωνίαν."[3]) Wer hat öfter als er seinen Mitbürgern die von der Natur gegebene Zusammengehörigkeit aller Menschen und die hieraus entspringenden gegenseitigen Pflichten derselben zum Bewusstsein gebracht! „Οἷόν ἐστιν ἐν ἡνωμένοις τὰ μέλη τοῦ σώματος, τοῦτον ἔχει τὸν λόγον ἐν διεστῶσι τὰ λογικά, πρὸς μίαν τινὰ συνεργίαν κατεσκευασμένα· μᾶλλον δέ σοι ἡ τούτου νόησις προςπεσεῖται, ἐὰν πρὸς ἑαυτὸν πολλάκις λέγῃς, ὅτι μέλος εἰμὶ τοῦ ἐκ τῶν λογικῶν συστήματος."[4])

---

[1]) Diss. I 13, 2. [2]) Arr. diss. IV 7, 6; Friedländer, Sittengeschichte Roms, III. T. Leipzig 1871. S. 533. (Die neueste Aufl. war uns leider nicht zugänglich.) [3]) II 4, 9, 13, 17, 18; III 3, 5, 6, 7, 12; V 10, 27; VIII 54; IX 8; XII 26, 30. [4]) VII 13; denselben Gedanken finden wir: II 1, 2, 4, 9, 16; III 4; V 16, 30; VI 14, 23; VII 22, 55; VIII 7, 26, 59; IX 1, 9, 10, 22, 23; X 2, 6; XI 18; XII 26, 30.

Wenn er ferner als Endzweck aller vernünftigen Wesen betrachtet, dass sie den Satzungen des ältesten Staates und der ältesten Verfassung folgen, und diesen Staat den obersten nennt, zu dem sich die übrigen nur wie Häuser verhalten, so ist hiemit wieder der stoische Kosmopolitismus dokumentiert.[1]) Und wie Mark-Aurel mit den übrigen Stoikern den Affekt für verwerflich hält,[2]) so ermahnt er unablässig zur Nächstenliebe und Milde gegen alle. Er könne seinen Mitmenschen nicht zürnen oder feind sein; denn wie die beiden Füsse, Hände, Augenlider, wie die obere und untere Reihe der Zähne seien wir zum Zusammenwirken geboren, das Gegenteil widerspreche unserer Natur.[3]) Er wird nicht müde, den Römern ein „κήδεσθαι πάντων ἀνθρώπων" oder „τὸ εὔνως καὶ δικαίως χρῆσθαι τῷ πέλας" zu empfehlen.[4]) Auf wen aber sollten Milde und in den richtigen Schranken sich haltendes Mitleid eher Anwendung gefunden haben als auf die Sklaven? Es könnte befremden, dass Mark-Aurel in seinem Buche nirgends die Unmenschlichkeit der Kämpfe im Amphitheater offen tadelt, sondern nur an einer Stelle[5]) die Bemerkung einflicht, dass er vor der Gleichförmigkeit dieser Volksbelustigung Ekel empfinde. Dass ihn thatsächlich die hier zur Schau getragene Grausamkeit anwiderte, bestätigt sein Biograph Julius Capitolinus, indem er berichtet, dieser Kaiser habe die Gladiatorenspiele auf jede Weise beschränkt.[6])

Ebensowenig wie bei Seneca und Epiktet hat man bei ihm christliche Einflüsse zu konstatieren; hatte er sich ja doch von frühester Jugend an mit stoischer Philosophie, und nur mit dieser beschäftigt. Ausserdem liess er bekanntlich die Christen verfolgen, weil er ihre Lehre als Auflehnung gegen die alte Staatsreligion und gegen die kaiserliche Gewalt überhaupt be-

---

[1]) II 16 u. III 11; ebenso III 10; IV 4, 16; VI 44; VIII 45; X 15. [2]) I 9; VII 65; VIII 8; IX 31; XI 18, 20. [3]) II 1. [4]) III 4; III 11; vgl. II 5, 16; III 5, 6, 9; IV 3, 12; V 1, 20 (Anf.), 31, 33, 35; VI 14, 30, 39; VII 5, 13, 22, 16, 52, 63; VIII 12, 23, 26, 34, 45, 59; IX 6, 11, 12, 27, 31, 42; X 6, 19; XI 4, 13, 18; XII 20. [5]) VI 46. [6]) Jul. Cap. Marc. Aurel. c. 11.

trachtete. Er sprach sich auch in seiner Schrift über den „grundlosen Trotz" der Christen aus."[1])

Abgesehen von jenen Männern, welche in allen Stücken der stoischen Lehre huldigten, verdient auch der Redner und Philosoph Dio Chrysostomus Erwähnung. Dass wir ihn nicht schon oben anführten, da seine Blüte in das Zeitalter des Nerva und Trajan zu setzen ist, hat seinen Grund in der eklektischen Richtung desselben. Dio war mehr Sokratiker, hat jedoch auch von der Stoa den einen oder anderen Satz, der ihm zusagte, herübergenommen. Es ist daher zu prüfen, inwieweit er in den unsere Untersuchung betreffenden Lehrsätzen den Stoikern gefolgt ist.

Fürs erste neigt Dio durch seine Lehre von der Gottverwandtschaft des menschlichen Geistes und der somit allen Menschen von der Natur verliehenen Gemeinschaft zu den Stoikern.[2]) Sodann bekennt er sich auch zu ihren Grundsätzen über Freiheit und Knechtschaft: Nicht derjenige hat Anspruch darauf, frei genannt zu werden, welcher „*τὰ δοκοῦντα ἑαυτῷ*" thun zu dürfen glaubt,[3]) die wahre Freiheit liege in der richtigen Erkenntnis und der mit dieser übereinstimmenden Handlungsweise.[4]) In einer anderen Rede[5]) lässt Dio zwei Männer über ihre Abkunft mit einander streiten. Der eine, welcher philosophische Bildung besitzt, behauptet, dass seinem Gegner, der sich edlerer Abkunft rühmte, von Geburt nicht um einen Funken mehr Freiheit zukomme, als dem niedrigsten Sklaven. Hieraus wird der schwerwiegende Schluss gezogen, dass die Sklaverei nicht von Natur, nicht von Uranfang an bestehe, sondern dass die Knechtung auf gewaltsame Weise, durch Raub oder im Kriege erfolgt und daher eine Ungerechtigkeit sei. Überhaupt scheint Dio seine ganze XV. Rede in der Absicht geschrieben zu haben, seinen Beifall für die Prinzipien der Stoa über die Sklaverei kundzugeben, eine Meinung, in der wir durch die also lautenden Schlussworte be-

---

[1] XI 3. [2] Dio Chrys. or. VII p. 140 ed. Dindorf tom. I; vgl. or. XII p. 221, 225, 228. [3] Or. XIV *περὶ δουλ. καὶ ἐλευθ.* p. 253. [4] Vgl. ebend. p. 256 f. [5] Or. XV p. 262.

stärkt werden; „καὶ οὕτω δὴ ἀποφαίνει ὁ λόγος οὐ τοὺς φιλοσόφους μεταφέροντας τὰ ὀνόματα, ἀλλὰ τοὺς πολλοὺς τῶν ἀνοήτων ἀνθρώπων διὰ τὴν ἀπειρίαν."

Er liess es daher auch nicht an Ermahnungen fehlen, die Herrn möchten ihre Sklaven mit mehr Humanität behandeln[1]) und stellte die dringende Forderung, man solle den Sklaven denselben Rechtsschutz wie den Freien gewähren gegenüber der Willkür ihrer Herrn, welche Sklaven und Sklavinnen ungestraft der Prostitution überantworteten.[2])

Indem wir hiemit die Dogmen der stoischen Philosophen verlassen, weisen wir kurz darauf hin, in welch grellem Lichte diese Anschauungen zu dem damals über die Menschenrechte des Sklaven schwebenden Dunkel standen. Der Sklave ist jetzt nicht mehr Sache, er trägt in seinem Innern das Ebenbild der Gottheit, seine Menschenrechte geben ihm Anspruch auf Milde und Schonung. Wenn solchen Lehren beschieden war, in der That vom römischen Volke gehört zu werden, und es Geister gab, die für Höheres und Edleres empfänglich waren, dann mussten jene Prinzipien Wurzeln fassen und der Menschheit reichen Segen spenden.

Es wird sonach des weiteren darzuthun sein, welche Verbreitung der Stoizismus bei den Römern gefunden hat und bis zu welchem Grade ihm in das Volksleben einzudringen gelungen ist.

---

[1]) Stob. 62, 16.   [2]) Dio a. a. O. VII p. 139 f.

II.

Die griechische Philosophie, welche gegen die Mitte des zweiten Jahrhunderts v. Chr. in Rom Eingang gefunden hatte, veranlasste in der römischen Jugend einen neuen geistigen Impuls und fand alsbald solchen Anklang, dass sie schon nach Verlauf einer kurzen Zeit trotz des Widerstrebens alter Römer, welche, der idealeren Richtung abgewandt, mehr der Praxis des realen Lebens zuneigten, erstaunliche Verbreitung fand. Seit Beginn der Kaiserzeit hatte die Pflege der Philosophie nunmehr so bedeutende Fortschritte erzielt, dass es für Eltern besseren Standes eine durch die Sitte gebotene Pflicht wurde, ihre Kinder nach Vollendung der grammatischen und rhetorischen Studien einem Philosophen zu übergeben, der sie zu einer sittlichen Reife heranbilden und als Männer entlassen sollte, welche ein mit den Naturgesetzen übereinstimmendes Leben zu führen vermöchten.[1] Dass Senecas Klagen über die Gleichgiltigkeit seiner Zeitgenossen gegen die Philosophie[2] eine auf zu hoch gespannten Wünschen dieses Philosophen beruhende Übertreibung waren, bestätigt aufs deutlichste eine Reihe entgegengesetzter Zeugnisse von Schriftstellern der ersten Jahrhunderte der römischen Kaiserzeit.

Plutarch hält die Philosophie für die Mutter aller Bildung und Humanität und sagt: δεῖ τὴν φιλοσοφίαν πρεσβεύειν .... διὸ δεῖ τῆς ἄλλης παιδείας ὥσπερ κεφάλαιον ποιεῖν τὴν φιλοσοφίαν.[3] Die Söhne seien daher den Philosophen zur Ausbildung zu übergeben.[4] Es gebe kein besseres Heilmittel für die Krankheiten der Seele als die Philosophie.[5] Plutarch weist ihr die Aufgabe zu, den Menschen zu lehren, was zu begehren oder was zu meiden sei, und es ist ohne Zweifel nicht

---

[1] Sen. ep. I 4, 2. [2] Quaest. nat. VII 32, 1 f. [3] Plut. de puer. educand. c. 10; Friedländer, a. a. O., S. 586. [4] Ebend. c. 7 u. de vitiis pud. c. 2. [5] De puer. educ. c. 10.

bedeutungslos für unsere Frage, wenn Plutarch hervorhebt, dass die Philosophen den Jünglingen einzuschärfen pflegten, wie man mit seinen Sklaven umzugehen habe: man dürfe sie nicht misshandeln; im Glücke möge man nicht zu übermütig, im Unglücke nicht zu traurig sein, im Zorn nicht ausser sich geraten.¹)

Dass es freilich unter den Hörern der Philosophie auch solche gab, welche, um der herrschenden Sitte genüge zu leisten, nur oberflächlich oder zum Scheine Philosophie trieben, wer möchte es nicht begreiflich finden? Plutarch kann sich auch nicht enthalten, sich mit schneidender Schärfe gegen jene Leute zu wenden, welche die Würde des philosophischen Unterrichtes durch ungeziemendes Betragen und Ausgelassenheit störten; er spricht bei dieser Gelegenheit der Hochschätzung und Reinhaltung jener Stätten das Wort, welche zur Veredlung der Sitten dienten, und betont als Anfang des sittlichen Lebens das „καλῶς ἀκοῦσαι."²) Schon in dem einen Umstande, dass Plutarch, der doch Akademiker war, oben, wo er vom philosophischen Unterrichte schlechtweg spricht, offenbar die ethischen Prinzipien der stoischen Schule im Auge hat, könnte man ein Beweismoment für das Ansehen und die Verbreitung gerade der Stoa in jener Zeit erkennen.

Dazu gesellen sich aber auch andere Zeugnisse. Plinius der Jüngere berichtet, dass er in seiner Jugend den berühmten Musonius Rufus gehört und dessen Grundsätze zur Maxime seines Handelns gemacht hatte.³) Während er in Syrien Dienste leistete, schloss er sich an den Stoiker Euphrates an.⁴) Seinen hierauf bezüglichen Brief beginnt er mit den Worter „Si quando urbs nostra liberalibus studiis floruit, nunc maxime floret. Multa claraque exempla sunt. Suffecerit unum, Euphranor philosophus," und spendet ihm das Lob: „Insectatur vitia, non homines, nec castigat errantes, sed emendat."⁵) Ausserdem stand er mit Artemidor, dem Schwiegersohne des Musonius, den er ebenfalls in Syrien kennen gelernt hatte, später in engem Verkehre.⁶)

---
¹) a. a. O. ²) Plut. de rect. rat. audiend. c. 13—15, c. 18. ³) Ep. III 11, 5: nam C. Musonium, socerum eius, quantum licitum est per aetatem, cum admiratione dilexi. ⁴) Ep. I 10. ⁵) Ebenda. ⁶) Plin. ep. III 11, 5 ff.

Doch nicht vereinzelt stehen diese Beispiele; zahlreiche Zeugnisse lehren vielmehr, wie allgemeiner Verbreitung die stoische Philosophie sich erfreute, und was man von ihr erwartete. „Quisquis Musonium audiat," sagt Gellius, „nisi ille sit plane deperditus, inter ipsam philosophi orationem et perhorrescat et pudeat et poeniteat et gaudeat et admiretur."[1]) Und nicht genug, dass sich der gebildete Römer die Regeln für ein gesittetes Leben von den Philosophen erteilen liess, genossen diese ein so hohes Vertrauen, dass man dieselben, um ihren Trost und Rat zu hören, zu sich rief, wenn jemand ein Unglück betroffen hatte, wenn irgend ein Glied der Familie dem Tode nahe war.[2]) Hieran reiht sich eine Anzahl anderer hochbedeutsamer Wahrnehmungen. So muss vor allem darauf hingewiesen werden, dass durch die beiden ersten Jahrhunderte der Kaiserzeit hindurch sich eine Reihe hervorragender Männer stoischer Richtung zieht, welche in allen Ständen und Klassen der Bevölkerung die höchste Anerkennung gefunden. Blicken wir vor allem auf den kaiserlichen Hof!

Schon Augustus überschüttete den stoischen Philosophen Athenodorus mit Beweisen seiner Verehrung, so zwar, dass er, als dieser sich seinen Abschied erbat, ihm erst nach Ablauf eines Jahres die Erlaubnis, seinen Hof zu verlassen, erteilte.[3]) Dass Seneca, welcher von Neros Mutter Agrippina aus der Verbannung zurückgerufen worden, die Erziehung des kaiserlichen Prinzen geleitet und nach dessen Thronbesteigung vermöge seines intimen Verkehres mit dem Kaiser noch mehrere Jahre bei allen belangreicheren Entschliessungen ihn mit seinem Rate unterstützt hat, ist sattsam bekannt.

Die zweimalige Vertreibung des stoischen Philosophen aus Rom unter Vespasian und Domitian thut unserer Beweisführung keinen Eintrag.

Denn der eine Grund, weshalb sie vertrieben wurden, lag

---

[1]) Gell. noct. V 1. Ähnlichen Inhaltes sind: Arrian. Epict. diss. I 21; II 21 § 10—22; III 8 § 7; III 9; III 23 § 6—8, § 16—18, § 29.
[2]) Sen. de tranq. anim. c. 14. [3]) Cass. Dio LVII 32; Plut. apophth. p. 207.

offenbar darin, dass ihre Ansichten vielfach mit den bestehenden Verhältnissen in direktem Widerspruche standen und mehrere von ihnen in ihrem politischen Verhalten den Kaisern offene Opposition machten.[1]) Schon Seneca glaubt die Philosophen in Schutz nehmen zu müssen gegenüber der Behauptung, sie seien „contumaces et refractarios, contemptores magistratuum ac regum eorumve, per quos publica administrentur.[2])

Andererseits lässt sich diese Massregel der beiden Kaiser auch aus ihrem Naturell und Charakter erklären. Vespasian war ein einfacher, mit den Wissenschaften nicht vertrauter Mann, der im Kriegslager ergraut war; ihm fehlte daher das Verständnis für die Bedeutung der Philosophie. Und doch konnte er nicht ohne Ausnahme verfahren. Musonius genoss nämlich so sehr das allgemeine Ansehen als Lehrer und Mensch, dass der Kaiser ihn, den Liebling des Volkes, nicht zu beseitigen wagte. Domitian vollends, der seinen Hass gegen jeden besseren Menschen offen zur Schau trug,[3]) musste natürlich auch gegen die Verbreiter der Philosophie einschreiten, auf dass nach deren Vertreibung, um mit Tacitus zu sprechen,[4]) jedes höhere Streben verbannt wäre und man nichts Ehrbares mehr anträfe. Eine jüngst erschienene Schrift über Domitian[5]) sucht unter anderem auch dieses Vorgehen Domitians gegen die Lehrer der Philosophie zu rechtfertigen, indem sie dasselbe nur als ein Glied in der Kette der Massregeln betrachtet, mit denen die Regierung den gegen sie gerichteten Umtrieben entgegentrat. Wir glauben, dass eine Regierung, welche in Bausch und Bogen alle Philosophen zur Verbannung verurteilte, obwohl es unter ihnen unstreitig viele würdige, ernste und dabei politisch unantastbare Männer gab, damit eine schreiende Ungerechtigkeit beging. Übrigens beweist ein derartiges Verfahren des Kaisers, welchen weittragenden Einfluss man an massgebender Stelle den

---

[1]) Vgl. Schiller, Die stoische Opposition unter Nero, Progr. von Karlsruhe 1869. [2]) Sen. ep. II 2, 2 ff. (14) u. IX 2, 1 (73). [3]) Plin. ep. IV 22, 5. [4]) Agricol. 2. [5]) F. Pichlmayr, T. Flavius Domitianus. Ein Beitrag zur römischen Kaisergeschichte. Progr. d. Stud.-Anst. Amberg 1889.

Philosophen zuschrieb. Der schon oft in das Feld geführte Spott der Satiriker über das Auftreten einzelner Vertreter dieses Standes, der überdies mehr den extremen Cynikern als den Stoikern gilt, darf nicht zur Misskreditierung des ganzen Standes ausgenützt werden. Eitle Hohlköpfe, die sich nur durch auffällige Tracht und grobe Vernachlässigung ihres Äusseren den Schein von Philosophen zu geben suchten, vermochten selbstredend nicht die Römer für sich zu begeistern und an sich zu fesseln.

Wie ganz anders als Domitian verfuhren die folgenden Imperatoren! Nachdem Nerva die Philosophen aus der Verbannung zurückberufen, wurden sie unter Trajan wieder in die alten Ehren eingesetzt[1]) und wuchsen im Ansehen noch weiter durch Hadrians Gunst. Dieser soll Epiktet unter seine vertrautesten Freunde gezählt haben.[2]) Antoninus dem Frommen wird von seinem edlen Sohne Mark-Aurel nachgerühmt, dass er diejenigen Männer, welche die Anleitung zu einem guten sittlichen Leben gaben, allen anderen vorgezogen und ihnen die verdiente Ehre erwiesen habe.[3]) Welche Lehre sollte dabei Mark-Aurel mehr im Auge gehabt haben als die stoische? Liess ihn nicht sein Vater ganz besonders in ihren Grundsätzen unterweisen, durch die er sich so angezogen fühlte, dass er selbst noch auf dem Kaiserthrone sich angelegentlichst mit ihr befasste?

Richten wir aber unseren Blick auf die Rechtsgelehrten, so finden wir schon im Zeitalter der ausgehenden Republik eine keineswegs unbedeutende Anzahl von Juristen als Anhänger der stoischen Schule.[4]) Aus der Kaiserzeit wird diese Thatsache nicht mehr von einzelnen bestätigt, was darin seinen Grund haben dürfte, dass das Studium der Philosophie von allen Vertretern der Jurisprudenz, die damals vielfach sogar nur für einen Teil der Philosophie galt,[5]) betrieben wurde.[6]) Die Richtigkeit

---

[1]) Plin. paneg. 17. Aurel. Victor 13. [2]) Ael. Spart. Hadr. 15; die chronologischen Bedenken Zellers hierüber löst Friedländer. a. a. O., S. 608. [3]) Mark-Aurel εἰς ἑαυτ. I 16. [4]) Vgl. das Verzeichnis dieser Männer bei M. Voigt, das ius naturale, aequum et bonum u. ius gentium der Römer. Leipzig 1856. S. 253. [5]) Plin. ep. I 10. [6]) Voigt a. a. O. S. 254.

dieser Behauptung ergibt sich zugleich aus dem Umstand, dass, wie wir unten sehen werden, nicht wenige ihrer Rechtslehren in einem unleugbaren Zusammenhange mit der stoischen Philosophie stehen.

Nicht dem Zufalle, sondern doch wohl der Ausbreitung dieser Lehre wird es ferner zuzuschreiben sein, wenn aus jener Zeit fast nur philosophische Schriften auf uns gekommen sind, welche entweder vollständig oder zum grossen Teile stoische Ideen wiedergeben.

Warum die Römer gerade am meisten dieser Schule anhingen, ist unschwer einzusehen. Das stoische System trug in jener Form, wie es sich bei den Römern eingebürgert hatte, die engste Verwandtschaft mit dem römischen Volkscharakter, so dass Noack[1]) mit Recht sagen darf: „Der alte republikanische Römer in seiner rauhen, kernhaften, männlich stolzen Kraft war eigentlich schon vor der Bekanntschaft mit der Stoa ein geborener Stoiker. Die Übung mannhafter Tugend galt als ein Kern und Stern aller Lebensweisheit." Hierin liegt auch der Grund, weshalb die römischen Rechtsgelehrten sich vornehmlich an die stoischen Theorien anschlossen. Die Römer gaben sich der Kunst und Wissenschaft nur insoweit hin, als sie hierin eine Förderung ihrer staatlichen oder privaten Interessen erblicken konnten. Deshalb blieb auch die Philosophie so lange Zeit vernachlässigt. Als jedoch die stoische Lehre bekannt wurde, sah man bald ein, welche Verwandtschaft sie mit dem römischen Staatsleben hatte.[2]) Und in der That suchte, was an edleren Regungen und Bedürfnissen unter den Römern noch übrig geblieben war, seine Befriedigung in der Philosophie, hauptsächlich in der Stoa: diese war dazu berufen, ihnen die Religion zu ersetzen, da der Volksglaube schon längst aus dem Bewusstsein der Gebildeten entschwunden war.[3]) Origines, dessen Zeugnis unser volles Vertrauen verdient, bestätigt uns,[4]) dass Plato nur

---

[1]) a. a. O. S. 11. [2]) Veder, a. a. O. S. 321. [3]) Noack, a. a. O. S. 12; Näheres hierüber gibt uns das treffliche Progr. von Zimmermann: Quae ratio philosophiae Stoicae sit cum religione Romana. Erlangen 1858. [4]) Cels. VI 2.

mehr von wenigen, Epiktet von allen gelesen werde. Selbst noch im dritten und vierten Jahrhundert n. Chr. wurde Arrians *ἐγχειρίδον* so hoch gehalten, dass es bekanntlich, von Mönchen in christlichem Sinne überarbeitet, den Gläubigen zur Lektüre gegeben wurde.

So sehr nun auch die Philosophie in die gebildeten Kreise Roms eingedrungen war, so wenig kümmerte sich der grosse Haufe des niedrigen Volkes um derartige Strebungen, welche ihm für eitel und unnütz galten. Diese Erscheinung ist aber für unsere Frage bedeutungslos. Denn uns kommt es durchaus nicht auf die Denkweise des Pöbels, sondern darauf an, ob die Römer, welche besseren Standes, materiell gut situiert und im Besitze einer grossen Sklavenfamilie waren, die Philosophie als ihre Lehrmeisterin anerkannten, um zur Achtung der Menschenrechte der Sklaven veranlasst zu werden. In diesem Sinne vertrat die Stoa nicht kalte Theorien, sondern griff warm in das römische Volksleben ein. Wer anders hat von den höheren Ständen herab den „nouvel esprit", von dem Wallon spricht, so recht dem Volksleben eingepflanzt als der Stoizismus? Die Thatsache, dass allmählich die scharfen Grenzen der Gegensätze zwischen den Nationen geschwunden und dadurch ein wesentliches Berechtigungsmoment der Sklaverei in Wegfall gekommen war, musste den Römern zum klaren Bewusstsein gebracht werden, eine Aufgabe, welche zuerst in fruchtbringender Weise die Stoa auf sich nahm.

Wir vergessen während dieser Ausführungen nicht, dass die Ausbreitung des Christentums in jener Zeit beständig fortschritt. Trotzdem dürfen wir ihm in dieser Zeit noch keinen Einfluss zuschreiben und stimmen hierin mit Männern von sehr massvollem Urteile, wie Friedländer, vollkommen überein. Villemain, der, wo er nur immer kann, gegen die Philosophen loszieht, spricht sich hierüber also aus: „Les dogmes de la loi chrétienne étaient encore combattus, ignorés ou mal compris par une grande portion de la société romaine. Un préjugé de l'orgueil romain, une vanité philosophique ne permettaient pas à beaucoup d'esprits élevés d'examiner cette religion qui avait eu pour premiers sectateurs des vaincus et des esclaves, des ignorants et des pauvres."[1])

Da also im ersten und zweiten Jahrhundert n. Chr. die Anhänger des Christentums hauptsächlich in den niederen Kreisen des Volkes, zum grossen Teile unter den Sklaven selbst zu suchen waren, so sind wohlthuende Einflüsse auf die Milderung der Sklaverei, welche zweifellos von den höheren Schichten der Gesellschaft ausgehen mussten, auf eine andere Ursache zurückzuführen. Die hellenische Philosophie, voran die Stoa, hatte dieses schwere Stück Arbeit unternommen. Welche Erfolge ihr zu teil wurden, möge das Folgende lehren!

III.

Eine Verbesserung des Loses der Sklaven stand zu erwarten, einmal wenn in der Gesetzgebung und Rechtspflege eine Umgestaltung des bisherigen Systems eintrat, sodann wenn auch die Herren selbst zu einer humaneren Behandlung jener bedauernswerten Menschenklasse zu bestimmen waren.

Betrachten wir zunächst die Modifikationen, die in der **Gesetzgebung** vom Beginne der Kaiserzeit bis zu den letzten der sog. klassischen Juristen sich verfolgen lassen!

Gesetze zu geben war in der Kaiserzeit in erster Linie Sache des Senates, allerdings mehr nominell als faktisch. Denn der Kaiser konnte bekanntlich eine Abstimmung über irgend einen Gegenstand, der nicht mit seiner Denkweise im Einklang stand, verhindern und so die Realisierung eines Gesetzvorschlages beliebig hintertreiben. Weit wichtiger war die Bestimmung, wonach die kaiserlichen Dekrete oder Konstitutionen Gesetzeskraft

---

[1]) Villemain, philosophie stoique et chrétienne. Basel 1829. S. 337; vgl. auch Friedländer, a. a. O. S. 532.

erhielten. Zu Senat und Kaiser kamen als dritter Faktor der Gesetzgebung in zweifelhaften Fällen die Entscheidungen und Gutachten der Rechtsgelehrten. Wollen wir von diesen bei unserer Prüfung ausgehen!

Ein Blick auf das Ansehen der römischen **Rechtsgelehrten** wird die Bedeutung ihrer Urteile passend beleuchten. Schon bei Beginn der Kaiserzeit wurde die Macht einzelner hervorragender Rechtsgelehrten gesteigert. Ortloff[1]) weist schon darauf hin, dass Augustus, der den Einfluss der Gutachten der Rechtsgelehrten auf die Gerichtshöfe gar wohl kannte und zugleich haben wollte, dass auch hier sich alles nach seinem Willen richtete, das Recht zur Erteilung von Gutachten selbst verlieh und den Gerichtshöfen verbot, von denen der vom Hofe anerkannten Rechtsgelehrten abzugehen. Auch soll er bei wichtigen Beratungen einen Kreis von Gelehrten um sich versammelt haben, unter welchen der durch seine juristischen Kenntnisse hervorragende C. Trebatius Testa sich eines sehr hohen Ansehens erfreute.[2]) Unter den Flaviern war der Rechtsgelehrte Pegasus Stadtpräfekt und ein einflussreiches Mitglied des kaiserlichen Rates.[3]) Unter Trajan besass unter anderen Rechtsgelehrten der Proculianer Priscus Neratius eine derart gewichtige Stimme, dass Aelius Spartianus in der vita Hadriani[4]) sagen kann: „frequens opinio fuit Traiano id animi fuisse, ut Neratium Priscum . . . . successorem relinqueret." Auch Papinian berichtet[5]) von einem Falle, in welchem sich Trajan des Rates der Juristen Priscus Neratius und Aristo bedient hatte. War es bis zu Trajan nicht Regel, dass die Kaiser zu allen ihren Entscheidungen eine Anzahl von Rechtsgelehrten beizogen, so vollzog Kaiser Hadrian eine eingreifende Umgestaltung des kaiserlichen Rates. Dieser grosse Gesetzgeber auf dem römischen Cäsarenthron räumte den

---

[1]) J. Andr. Ortloff, Über den Einfluss der stoischen Phil. auf die röm. Jurisprudenz. Erlangen 1797. S. 61. [2]) Iust. inst. II 25; vgl. E. Cuq, Mémoire sur le consilium principis d'Auguste à Dioclétien, enthalten in den Mémoires de l'Académie des inscriptions et belles lettres de l'inst. de Fr. I. Sér., t. IX. Paris 1884. S. 329. [3]) Cuq, a. a. O. S. 323. [4]) c. 4. [5]) Dig. 37, 12, 5.

Rechtsgelehrten ständige Sitze im consilium principis ein, auf welches von nun an die ganze Legislation und richterliche Thätigkeit des Senates überging. Dies beweist uns Spartian[1]) mit den Worten: „Quum iudicaret, in consilio habuit non amicos suos aut comites solum, sed iuris consultos et praecipue Iulium Celsum, Salvium Iulianum, Neratium Priscum aliosque, quos tamen senatus omnes probasset." Reskripte des Hadrian ermächtigten die Rechtsgelehrten Konsultationen zu geben (ius publice respondendi) und verleihen ihren Entscheidungen für den Fall, dass alle gleicher Meinung sind, Gesetzeskraft.[2]) Hadrian brachte es auch dahin, dass die Proculianer und Sabinianer von ihrer Spannung abliessen und sich einigten, worauf sie Herciscundi (Heriscundi?) genannt wurden.[3]) Die einflussreiche Stellung, welche Hadrian den Juristen geschaffen, bekleideten sie auch unter dessen Nachfolgern. Antoninus Pius hatte einen Rat von Rechtsgelehrten um sich, worunter Ummidius Verus, Salvius Valens, Volusius Metianus, Ulpius Marcellus und Javolenus[4]) sich befanden,[5]) deren wenige Bruchstücke, die auf uns gekommen, hinlänglich darthun, dass sie mit den übrigen Rechtsgelehrten in der Betrachtung der Sklaverei sich vollkommen decken. Antonin pflegte in jeder bedeutsameren Angelegenheit den Rat seines consilium einzuholen, und Mark-Aurel trat auch in dieser Hinsicht in die Fusstapfen seines Vaters.[6]) Über das Verhältnis Mark-Aurels zu den Juristen wird in den Digesten in einem Reskripte der divi fratres berichtet: „plurium etiam iuris auctorum, sed et Salvii Juliani amici nostri, clarissimi viri, hanc sententiam fuisse."[7]) Commodus kümmerte sich zwar um die Kämpfe in der Arena mehr als um die Thätigkeit des „consilium." Aber auch von ihm stammen Dekrete und Reskripte, welche den

---

[1]) Hadr. 18. [2]) Gai. instit. I 7; Dig. I 2, 1 § 47. [3]) Inwieweit Ortloffs Behauptung (a. a. O. S. 78), dass Heriscundi auch ein Name für Stoiker gewesen sei, was auch einen, wenn auch ganz äusserlichen Zusammenhang der Juristen mit den Stoikern erkennen liesse, sich richtig verhält, vermochten wir nicht mit Sicherheit zu eruieren. [4]) Oder Diabolenus; so die Handschriften. [5]) Capitolinus, Anton. Pius c. 12. [6]) Capitol. Ant. Pius c. 6; Anton. philos. c. 22. [7]) Dig. 37, 14, 17 pr.

Inspirationen der Mitglieder des kaiserlichen Rates ihre Entstehung verdanken.[1]) Septimius Severus und Caracalla wussten sich mit den Spitzen der Rechtsgelehrsamkeit zu umgeben: Papinian, Ulpian, Paulus, Claudius Tryphoninus und Aurius Menander gehörten zu ihren Ratgebern, und zu dieser Zeit war die Macht der römischen Juristen aufs höchste gestiegen. Von Papinian berichtet Spartian[2]); „Papinianum amicissimum fuisse imperatori Severo." Er war auch dessen Geheimsekretär[3]) und S. Aurelius Victor sagt: „quem ferunt illo tempore Bassiani scrinia curavisse."[4]) Über die Beziehungen des Alexander Severus zu den Juristen äussert sich Aelius Lampridius wie folgt: Leges de iure populi et fisci moderatas et infinitas sanxit: neque ullam constitutionem sancivit sine viginti iuris peritis et doctissimis et sapientibus viris.[5]) Und aus demselben Schriftsteller erfahren wir, in welch hohem Ansehen bei diesem Kaiser Paulus und Ulpian standen: letzterer war mit der gewichtigen Stellung eines consiliarius und magister scrinii betraut.[6]) Ausser diesen spielten Fabius Sabinus, Claudius Venatus, Catilius Severus, Aelius Serenianus und Quintilius Marcellus an seinem Hofe eine Rolle.[7])

Bei einer solchen Lage der Dinge ist es undenkbar, dass die Rechtsgelehrten nicht vielfach auf Kaiser und Rechtspflege bestimmend gewirkt hätten. Sind sie aber auch die Vertreter der philosophischen Grundsätze, speziell jener der Stoa, so ahnen wir ihre weittragende Bedeutung.

Abgesehen von dem untergeordneteren Punkte, dass die Rechtsgelehrten an die Stoa sich schon in theoretischer Hinsicht anlehnen (was namentlich von der Logik gilt), abgesehen davon, dass die bekannten „tria praecepta iuris" (honeste vivere, alterum non laedere, suum cuique tribuere) nach der Überlieferung des Diogenes Laërtius den Stoikern angehören, ist das Privatrecht in verschiedenen Beziehungen durch Anlehnung an den Stoizismus modifiziert worden, so z. B. in Hinsicht auf Person, Familie, Eigentum, Selbstmord, Eid u. dgl.

---

[1]) Vgl. die Quellennachweise bei Cuq a. a. O. S. 341. [2]) Caracall 8.
[3]) Dig. 20, 5, 12 pr. [4]) De Caesar. c. 20. [5]) Al. Sev. c. 15. [6]) Al. Sev. c.
25; vgl. Aurel. Vict. de Caes. c. 24. [7]) Cuq S. 346.

In keiner Materie widerspricht aber die Lehre jener Juristen so sehr dem überlieferten Rechte wie in bezug auf die Sklaverei. In der Zeit der Republik war, wie eingangs erwähnt, das ius civile massgebend, wonach der Sklave eine „Sache" war.[1]) Die Juristen der Kaiserzeit aber übernahmen es, den von der Philosophie überlieferten Grundgedanken vom ius naturale weiter zu verarbreiten. Inwieweit man auf diesem Gebiete von einer selbständigen Spekulation der römischen Juristen sprechen kann, ist von neueren Rechtsphilosophen im einzelnen verschieden beantwortet worden. Voigt äussert sich in seinem vorzüglichen Werke[2]) dahin, der unbefangene Beurteiler müsse zur Überzeugung kommen, dass die erste und massgebende Idee des ius naturale von der Jurisprudenz aus der Philosophie entlehnt ward, und dass erstere eine von der Philosophie ihr überlieferte Vorstellung, wenn auch in ihrer eigenen Weise, verarbeitet habe. Nicht soweit geht Hildenbrand.[3]) Er ist der Ansicht, dass die römische Rechtswissenschaft den Gedanken des ius naturale als einen durch die Rechtsentwicklung Roms von selbst gegebenen vorgefunden und auf dem Gebiete des ius gentium entfaltet habe, weil jener Gedanke nie als ein neuer, beweisbedürftiger behandelt werde. Aber auch er erkennt an, dass „der Eifer, mit welchem die Jurisprudenz diesen Begriff erfasste, die theoretische Eleganz, mit welcher sie ihn behandelte, und die weittragenden allgemeinen Bestimmungen, in welchen sie ihn an die Spitze des Systemes stellte, grossenteils aus der hellenischen Philosophie zu erklären sind."

Durch die Ideen der Philosophie angeregt, hoben also nunmehr auch die Juristen die Menschenrechte des Sklaven hervor und suchten für ihn ein neues Rechtsverhältnis zu schaffen. Zahlreiche Stellen der Digesten dienen dem Gesagten zum Belege. „Quod ad ius naturale attinet," sagt Ulpian, „omnes homines aequales sunt"[4]) oder „utpote quum iure naturali omnes

---

[1]) Dig. 15, 17, 22: quod attinet ad ius civile, servi pro nullis habentur.
[2]) a. a. O. S. 243, 258 ff. und 269 ff. [3]) K. Hildenbrand, Geschichte und System der Rechts- und Staatsphilosophie I. Bd. Leipzig 1860. S. 599 ff.
[4]) Dig. 50, 17, 32.

liberi nascerentur."[1]) Ganz philosophisch drücken sich Paulus und Modestinus aus, wenn sie erklären: inter nos cognationem quandam natura constituit.[2]) Wie sehr die Juristen die auf sie überkommenen Rechtsgrundsätze verwarfen, beweist nicht nur der Satz des Gaius: Ratio civilis iura naturalia corrumpere nequit, sondern auch der Ausspruch des Florentinus: Servitus est constitutio iuris gentium, qua quis dominio alieno contra naturam subicitur.[3]) Derartige Aussprüche der Juristen finden sich allenthalben im 40. Buche der Digesten und an anderen Stellen,[4]) und die blosse Ausdrucksweise mahnt schon dermassen an die Stoa, dass es leicht begreiflich wird, dass die Rechtsgelehrten von dieser beeinflusst waren.

Nachdem so die Grundanschauungen der Juristen über den Rechtszustand der Sklaven in andere Bahnen gelenkt waren, und das ius naturae dem ius gentium vorgezogen wurde, so mussten die hieraus entspringenden Rechte des Sklaven in den Rechtssprüchen und Entscheidungen der Juristen zu immer grösserer Geltung kommen. Diese sprechen daher jetzt schon mit grösserer Achtung von den Sklaven: Derselbe möge nie eine Ware genannt werden, noch auch der ihn verkauft, Kaufmann.[5]) Ebenso erklären sie, die Menschenwürde lasse es nicht zu, dass der Sklave als Nebensache angesehen werde.[6]) Immerhin schon ein Fortschritt! Dazu gesellte sich nun aber auch, dass allmählich dem Rechte der Sklaven auf Familie mehr und mehr Anerkennung zu teil wurde. Das coniugium war den Sklaven schon in der Zeit der Republik gestattet, jedoch meist nur aus selbstsüchtigen Absichten des Herrn, und ohne dass die Familienbande Berücksichtigung fanden. Jetzt dagegen entwickelt sich, wenn auch nicht die eigentlich rechtliche Giltigkeit der Sklavenehen, so doch die Respektierung der durch sie entstehenden natürlichen Verwandtschaft. Früher sprach man beim Sklaven nicht von Vater, Mutter, Bruder und Schwester; noch weniger hätte die Bezeichnung „uxor" auf die Frau eines Sklaven angewendet

---

[1]) Dig. 1, 1, 4. [2]) Dig. 1, 1, 3. [3]) Dig. 1, 5, 4 § 1. [4]) z. B. Dig. 1, 1, 11 (Paulus). [5]) Dig. 50, 16, 207 Africanus. [6]) Dig. 21, 1, 44 Paul.

werden können. Dem ist nun anders geworden. So sagt Pomponius, dass ein Freigelassener seine freigelassene Mutter nicht heiraten könne, wenn dies auch nach dem Buchstaben des Gesetzes nicht verboten sei. Des ehemaligen Sklaven Mutter, die ihn, damals selbst Sklavin, als Sklaven geboren hatte, wurde also wirklich als seine Mutter angesehen.[1]) Auch Paulus betont ausdrücklich: Serviles quoque cognationes in hoc iure (Eherecht) observandae sunt und fügt bei: in contrahendis matrimoniis naturale ius et pudor inspiciendus est. Hieran knüpft er die Folgerung, dass der Freigelassene seine Mutter nicht heiraten darf, die ja Sklavin war und ihn als Sklaven geboren hat. Paulus will diese Grundsätze wie auf serviles cognationes, so auch auf affinitates angewendet wissen.[2]) Auch solange der Sklave noch nicht freigelassen war, wurden dessen Familienbande geachtet. Wurde ein Kauf mehrerer Sklaven wegen Krankheit eines solchen rückgängig gemacht, so musste, wenn der Vater zurückgegeben wurde, auch der Sohn zurückerstattet werden, und umgekehrt; dasselbe galt von Brüdern, ja selbst von Leuten, welche im contubernium mit einander lebten.[3]) Ebenso bezeichnete es Ulpian als eine harte Trennung, wenn die Frauen und Kinder eines Sklaven von einem Erblasser nicht in das Testament mit einbegriffen wurden (hier findet sich auch zum ersten Male der Ausdruck uxores von Sklavenfrauen gebraucht).[4]) Endlich ist nicht uninteressant, wie der zur Zeit Mark-Aurels lebende Rechtsgelehrte Q. Cervidius Scaevola einen Fall entscheidet, wo durch ein zweites Testament eines Herrn die Sklaven Eros und Stichus von Dama, dessen natürliche Söhne sie sind, getrennt werden sollen. Der Rechtsgelehrte erachtet aber „pietatis intuitu" die erste Verfügung für giltig, wonach die beiden Söhne bei dem Vater verbleiben durften.[5])

Nächst der Anerkennung der Familienbande wurde durch obige Grundsätze für den Sklaven auch die Möglichkeit geschaffen, sich ein dauerndes Eigentum zu erwerben, wobei

---

[1]) Dig. 23, 2, 8. [2]) Dig. 23, 2, 14 § 2 u. 3. [3]) Dig. 21, 1, 35 Ulpian; Dig. ebend. 39 Paulus. [4]) Dig. 33, 7, 12 § 7. [5]) Dig. 32, 1, 41 § 2.

freilich noch sehr viel auf den guten Willen des Herrn ankam. Früher nämlich wurde, abgesehen von dem löblichen Zwecke des Herrn, seine Sklaven dadurch, dass er ihnen die Erlaubnis und Gelegenheit zur Ansammlung des sog. Pekuliums gab, an ein ordentliches und sparsames Leben zu gewöhnen und zu eifrigem Dienste anzuspornen, das Pekulium meist dazu verwendet, dass sich jene mit demselben loskauften.[1]) Dass die Juristen diesen Gebrauch nicht nur erhalten,[2]) sondern auch weiter ausgedehnt wissen wollten, lehrt uns Paulus, welcher den Satz aufstellte, dass das Pekulium dann, wenn es einem Sklaven bei der Freilassung nicht genommen werde, ihm als Eigentum zugestanden sei.[3]) Ein solcher Ausspruch eröffnete dem Sklaven die Aussicht darauf, nach seiner Freilassung ein von seinem früheren Herrn unabhängiges, selbständiges Leben führen zu können, da er nicht, wie dies sonst meistens der Fall gewesen war, von allen Mitteln entblösst dastand.

Dazu kam ferner das Recht, ein Testament zu machen. Dies sprach Ulpian, wenn auch noch mit Beschränkung auf eine einzelne, bevorzugtere Klasse, aus: servus populi Romani dimidiae testamenti faciendi ius habet.[4]) Ausserdem war durch die Anerkennung der persönlichen Eigenschaft des Sklaven bedingt und von den Juristen begünstigt das Recht der Sklaven, in eine Korporation einzutreten, was Marcian erwähnt: Servos quoque licet in collegio tenuiorum recipi, volentibus dominis sq.[5])

Trotz all dieser Erleichterungen, welche dem Sklaven das Dasein erträglicher machen sollten, war sein Los doch nur dann weniger bedauernswert, wenn die schweren Arbeiten und aufopfernden Dienste, die er vielfach zu leisten hatte, ein Gegengewicht fanden in der Hoffnung auf Freilassung. Gerade dieser Punkt ist es, in welchem die Rechtsgelehrten gegen die alten Zustände am schärfsten vorgehen. Sie alle sind beseelt von dem favor libertatis, dessen sie bei jeder Gelegenheit Erwähnung

---

[1]) Marquardt a. a. O. S. 164. [2]) Dig. 40, 1, 4 § 1 — 14 Ulpian; 40, 7, 13 § 1 Julian. [3]) Dig. 15, 1, 53. [4]) Ulp. fragm. XX 16. [5]) Dig. 47, 22, 3 § 2.

thun. Auch hierin leuchtet als Vorbild die Philosophie voran, die sich nicht mit halben Massregeln begnügte, sondern die Freiheit höher schätzte, als eine anständigere Behandlung des Sklaven. In dem Streben nach Begünstigung der Freilassung machten die Juristen es sich in allen Fällen zum Prinzip, wenn wegen Erteilung der Freiheit irgend ein Zweifel obwaltete, eine Form herzustellen, welche die Freiheit unbedingt verlangte. Was nun die beiden alten Hauptformen der feierlichen Freilassung, manumissio vindicta und m. testamento anbelangt — von der manumissio censu finden sich in der Kaiserzeit nur mehr geringe Spuren —, so sprachen die Rechtsgelehrten erstlich für einige Modifikationen der manumissio vindicta. Nicht nur wurde der Fall von Ulpian vorgesehen, dass ein Sklave, dessen Herr von Geburt taub war und die Freilassungsformel nicht herzusagen vermochte, dennoch durch denselben von dem Prätor manumittiert werden konnte,[1]) sondern es bestimmte auch Iulianus, veranlasst durch seinen Lehrer Iavolenus, dass ein Proconsul oder Prätor u. dgl. selbst „si praebeat consilium" seinen Sklaven freilassen könne, so dass derselbe also zugleich Richter und Partei bildete. Er befolgte diesen Rat des Iavolenus selbst und erteilte ihn auch anderen.[2])

Noch viel mehr Bestimmungen traf die Jurisprudenz zu gunsten der manumissio testamento, und zwar aus leicht begreiflichen Gründen besonders hinsichtlich der fideikommissarischen Freilassung. Wenn es unklar ist, sagt Paulus, ob ein Sklave testamentarisch freigelassen ist, oder ob die gegebene Freiheit wieder zurückgenommen wurde, „favorabilius respondetur eum liberum fore."[3]) Ebenso durfte nach Paulus, wenn ein Sklave freigelassen worden war unter der Bedingung zu schwören, dass er dieses oder jenes leisten werde, dieser nicht mehr in den Zustand der Sklaverei zurückversetzt werden, wenn er sein Versprechen nicht hielt.[4]) Sodann behauptet derselbe Rechtsgelehrte

---

[1]) Ulpian beruft sich hiebei auf Celsus, einen Rechtsgelehrten aus der Zeit Hadrians, Dig. 40, 9, 1. [2]) Dig. 40, 2, 5. [3]) Dig. 40, 4, 10 § 1. [4]) Dig. 40, 4, 36.

ganz vom Standpunkte des natürlichen Rechtes aus: Wenn jemand seinen Sklaven testamentarisch freilässt, aber die Bedingung hinzufügt, dass er beim Erben des Testators wohne, solange er Jüngling sei, so ist diese letztere Bedingung, wenn er ihr untreu wird, nicht massgebend zur Beraubung der Freiheit.[1]) Paulus lässt sich hiebei von dem mit den Anschauungen der Philosophie übereinstimmenden Grundsatze leiten, dass die einmal verliehene Freiheit für immer verliehen und unwiderruflich ist, ein Gedanke, den er auch zum Ausdrucke bringt, indem er sich gegen ein Testament wendet, welches einem Sklaven die Freiheit nur für eine bestimmte Zeit verlieh.[2])

Dieselbe Anschauung bei Ulpian! Er erklärt, dass bei einem Sklaven, der durch mehrere Bestimmungen freigelassen wird, diejenige Freilassung massgebend ist, durch welche er die wirkliche Freiheit erhält.[3]) Die in einem Testamente für frei erklärten Sklaven bleiben nach seiner Meinung auch dann frei, wenn im übrigen das Testament ungiltig ist, weil der testamentarisch festgesetzte Erbe die Erbschaft nicht in Empfang nimmt.[4]) In demselben Titel[5]) bestätigt Ulpian gerne das Edikt, dass Sklaven, welche zur Zeit der Abfassung des Testaments oder des Todes des Testators in den Händen der Feinde und nicht in denen des Testierenden sind, trotzdem freigelassen werden können. Auch das erachtete Ulpian als billig, dass man einem Sklaven die Freiheit gewähren dürfe, der bloss zum Faustpfand gegeben war; er sah hierin eine Art Fideikommiss, und wenn auch diese Ansicht den subtileren hergebrachten Rechtsbegriffen zuwiderlief, so dünkte sie ihm doch des favor libertatis halber geboten zu sein: „nec enim ignotum est, quod multa contra iuris rigorem pro libertate sint constituta."[6]) Unmenschlich scheint es ihm zu sein, wegen der Geldfrage eine Verzögerung der Freilassung eintreten zu lassen.[7]) Aber auch schon Pomponius rät bezüglich

---

[1]) Dig. 40, 4, 52; vgl. ebend. l. 44 (Modestinus) u. l. 61 (Pomponius).
[2]) Dig. 40, 4, 33 u. 34; andere der fideikommissarischen Freilassung günstige Entscheidungen des Paulus s. Dig. 40, 5, 33 §' 1 u. 2.   [3]) Dig. 40, 4, 1.
[4]) Ebend. 25.   [5]) l. 30.   [6]) Dig. 40, 5, 24 § 10; vgl. ebend. l. 46 § 3.
[7]) Ebend. l. 37; vgl. Dig. 40, 4 § 6 Paulus; 40, 7, 3 § 11.

der fideikommissarischen Freilassung, dass in dunkeln Fällen immer „humanitatis intuitu" die Freiheit gewährt werden solle.[1]) Und die nämliche Anschauung kehrt bei dessen Zeitgenossen Salvius Iulianus wieder. Dieser bespricht einmal den Fall, wie zu entscheiden sei, wenn einem Sklaven die Freiheit und ein Grundstück vermacht seien, für den Fall, dass der Erbe 30 Jahre alt sein werde, dieser aber vorher stürbe.[2]) Er entscheidet dahin, der Sklave habe Anspruch, wenn auch nicht auf das Grundstück, so doch auf die Freiheit: „nam favore libertatis receptum est ut mortuo Titio (so hiess der neue Herr) tempus superesse videretur, quo impleto libertas contingeret."[3])

Diesen ihren Standpunkt wahrten die Juristen noch durch viele andere die Freilassung betreffende Einzelbestimmungen. Paulus verlangt,[4]) dass einem Sklaven, welcher unter der Bedingung verkauft wurde, dass er innerhalb einer bestimmten Zeit freigelassen würde, auch die Freiheit zusteht, wenn der Verkäufer später seinen Willen geändert hat.[5]) Oder ein andermal sagt Papinian: Wenn ein Mann mit der Mitgift seiner Frau auch Sklaven erhalten hat, so kann er sie, wiewohl sie der Frau gehören, freilassen, falls er zahlungsfähig ist.[6])

Also neue Bahnen auf grund neuer Anschauungen! Wer sollte sich da wundern, wenn die Juristen sich hiemit nicht begnügten, sondern dem Sklaven auch eine Art von Rechtsschutz hinsichtlich seiner Behandlung zu verschaffen suchten!

So sucht Ulpian der für einen Sklaven oft so lästigen und peinigenden Unsitte zu steuern, ihn zu Dienstleistungen heranzuziehen, die zu seinem Bildungsgrade und seiner bisherigen Beschäftigung in jähem Gegensatze stehen. Er wirft nämlich demjenigen, welcher seinen Buchhändler aufs Land schickt und ihn den Korb oder die Sichel[7]) tragen heisst, oder einen Schauspieler zum Badeaufseher oder einen Musiker zum Thürhüter macht,

---

[1]) Dig. 40, 4, 4. [2]) Dig. 40, 4, 16. [3]) Vgl. dazu Dig. 40, 4, 17 § 3 u. 40, 8, 9 Paulus. [4]) Dig. 48, 8, 1. [5]) Vgl. ebend. l. 4 Ulpian. [6]) Dig. 40, 1, 21; vgl. noch Dig. 40, 8, 6 § 1 Marcian und ebend. l. 7 Paulus. [7]) Falcem, andere Lesart calcem.

oder einen aus der Ringschule zur Latrinenreinigung verwendet, Missbrauch des Eigentums vor.[1])

Ferner wünschte Paulus eine Beschränkung der Sklavenfolterung, indem er forderte, dass man mehr als einen Zeugen höre, bevor man zu der Folterung schreite, und dafür plaidierte, man solle selbst das Anerbieten des eigenen Herrn, der die Marter seines Sklaven gestattete, ausschlagen.[2]) In ähnlicher Weise sah sich Modestinus, ein Schüler Ulpians, veranlasst, zur lex Petronia und den verschiedenen denselben Gegenstand behandelnden Senatsbeschlüssen einen Zusatz zu machen, wonach nicht allein derjenige, welcher einen Sklaven, ohne zuvor die Sache einem Richter unterbreitet zu haben, für die Tierhetzen verkauft, sondern auch derjenige, welcher ihn käuflich erworben hat, straffällig ist.[3])

Die angeführten Beispiele dürften genügen, um die Behauptung zu rechtfertigen, dass die Juristen, ausgehend von den Prinzipien der Stoa, die Anerkennung der natürlichen Rechte des Sklaven zu erwirken bemüht waren. Die Rechtsgelehrten erweisen sich als die wahren Philosophen der Römer und zeigen deutlich, wieviel die Philosophie in einem wohlgeordneten Staate vermag, wenn sie sich mit der Praxis des Lebens verbindet.

Nächst den Rechtsgelehrten dürfen die Kaiser als die wichtigsten Faktoren bei der römischen Gesetzgebung nicht übergangen werden. Auch von ihnen stehen, wie wir oben gezeigt haben, viele in gewisser Beziehung direkt mit der Stoa in Verbindung. Da sie mit den stoischen Philosophen einen regen Verkehr unterhielten und mehrere Kaiser sogar zu den vertrautesten Freunden und Beratern Philosophen erwählt hatten, so wäre die Annahme unwahrscheinlich, dass jene Lehren, welche die Philosophie besonders warm vertrat, spurlos an den Kaisern vorübergegangen seien. Ausserdem scheint uns, nachdem wir den dauernden Zusammenhang zwischen Kaisern und Rechts-

---

[1]) Dig. 7, 1, 15 § 1; freilich sehen wir, dass er in seinem Streben, den Sklaven zu schützen, wiederum die alte Ansicht, nach welcher der Sklave Sache ist, streifen muss. [2]) Dig. 48, 18, 20 u. 18 § 7. [3]) Dig. 48, 8, 11 § 1.

gelehrten, der namentlich seit Hadrian sich mehr und mehr befestigt hatte, nachgewiesen, eine Abhängigkeit der kaiserlichen Erlasse von diesen ausser allem Zweifel zu stehen. Wir sind jedoch weit entfernt zu behaupten, dass die Stoa und die von ihr beeinflussten Rechtsgelehrten allein die Ursache von milderen kaiserlichen Erlassen auf dem Gebiete der Sklaverei bildeten. Die Sklaven mussten auch aus dem Grunde allmählich mehr geschont werden, weil sie infolge des Versiegens der Sklavenquellen (Menschenraub, Kriegsgefangenschaft) wertvoller wurden. Aber diese äusseren Einflüsse rufen mit Recht auch die Frage wach, wie es dann kommen konnte, dass die Freilassung so ungemein begünstigt wurde, wenn doch der Sklave unentbehrlich war und seine Kraft nur um hohen Preis ersetzt werden konnte. Diese Erscheinung fände aus diesen Verhältnissen allein keine genügende Erklärung. Auch Fortschritte der Humanität als Grund anzuführen reicht nicht aus, da einerseits der Fortschritt nicht in allen Zweigen des sozialen Lebens der Römer sich erkennen lässt, andererseits aber auch ein Vordringen der Humanität nur aus bestimmten Ursachen erklärt werden kann. Durch die eben gelieferten Nachweise aber glauben wir eine natürliche Brücke gefunden zu haben, welche zur Erforschung des Ursprunges der kaiserlichen Konstitutionen führt. Und wirklich tritt zur Bestätigung unserer Behauptung im grossen Ganzen in der von uns behandelten Zeit die Erscheinung zu tage, dass eben nur diejenigen Kaiser umfassende Massnahmen zur Schonung der armen Sklaven ergriffen, welche mit den Vertretern der Stoa selbst oder hauptsächlich mit den ihre Sätze praktisch verwertenden Rechtsgelehrten in enger Verbindung standen.

Gedenken wir nun in Kürze der kaiserl. Bestimmungen selbst!

Kaum erwähnenswert sind die Rechtsmodifikationen, soweit sie hier einschlagen, im ersten Jahrhundert. Augustus sprach gegen die allzugrosse Ausdehnung der Tortur, aber hauptsächlich noch aus dem Grunde, weil er nicht überzeugt war, dass sie immer ein der Wahrheit entsprechendes Resultat liefere.[1]) Eine

---

[1]) Dig. 48, 18, 1 Ulp.

vorübergehende Anwandlung zur Förderung der Humanität bewies auch der schwache Claudius, indem er, wie sein Biograph überliefert,[1]) die Verfügung traf, dass jeder wegen Alters oder Krankheit verstossene oder ausgesetzte Sklave frei sein und die Tötung eines solchen wie Mord bestraft werden solle. Ob die lex Petronia, derzufolge ein Sklave von seinem Herrn erst dann für die Tierhetzen bestimmt werden durfte, wenn dieser durch richterliche Erlaubnis hiezu ermächtigt war, unter Nero oder schon unter Augustus erlassen worden, ist schwer zu bestimmen. Rein[2]) entscheidet sich, der Ansicht von Iustus Lipsius und Zimmern folgend, für das Letztere. Allein der Umstand, dass einmal zur Zeit des Tiberius der Sklave Andronicus durch die Obrigkeit, nicht durch seinen Herrn ad bestias verurteilt worden,[3]) beweist nur, dass Obrigkeiten Sklaven hiezu verurteilen konnten -- was möglicherweise schon lange vorher der Fall war —, nicht aber, dass den Herrn die Erlaubnis, ihre Sklaven auf diese Art zu strafen, entzogen war. Wir möchten lieber der gewöhnlichen Annahme folgen und sie mit Wallon[4]) in das Jahr 61 setzen, in welchem C. Petronius Turpillianus Konsul war. Kaiser Nero verriet ja in seinen ersten Regierungsjahren, beeinflusst durch seinen trefflichen Leiter, noch manche edle Regung. Auch die Massregel, von welcher Seneca[5]) spricht: „Atqui de iniuriis dominorum in servos qui audiat positus est, qui et saevitiam et libidinem et in praebendis ad victum necessariis avaritiam compescat," fällt nach der allgemeinen Annahme in die Zeit Neros, und Wallons Äusserung klingt ansprechend, dass dies eine der Inspiration Senecas würdige Massnahme gewesen sei.

Doch bald trat Seneca ab und Nerro liess der Grausamkeit die Zügel schiessen. Von Galba, Otho und Vitellius können wir teils wegen der kurzen Dauer ihrer unsicheren Herrschaft, teils wegen ihrer Regierungsunfähigkeit keine Entschliessungen in unserem Sinne erwarten. Es folgten die Flavier; unter ihnen musste die Philosophie sich zurückziehen — auch die Gesetze

---

1) Suet. Claud. 25. 2) Rein, Römisches Privatrecht, 2. Aufl. Leipzig 1858. 3) Gell. n. a. V 14. 4) a. a. O. S. 60. 5) De benef. III 22.

der Flavier sind grösstenteils eher dazu angethan, die Lage der Sklaven schlechter als besser zu gestalten.[1])

Ganz anders im zweiten Jahrhundert! Wenn auch von Trajan selbst keine bedeutenderen Erlasse dieser Art erwähnt werden, so treten doch die übrigen Kräfte der Gesetzgebung, wie unten zu berühren sein wird, unter seiner Regierung in genannter Beziehung schöpferisch auf.

Dagegen erscheint nun Hadrian, geleitet von seinem consilium, mit dem er sich umgab, mit einer Reihe von Gesetzen, die grundlegend und bestimmend für alle folgende Zeit waren. Zunächst suchte Hadrian dahin zu wirken, dass der Herr seinem Sklaven nicht mehr in demselben Grade wie früher seine Willkür fühlen lassen konnte. Er verbannte eine gewisse Matrone Umbricia auf fünf Jahre, weil sie aus ganz geringfügigen Ursachen ihre Sklavinnen grausam behandelt hatte.[2]) Er verbot ferner den Herrn, ihre Sklaven zu töten oder töten zu lassen,[3]) was als ein bedeutender Fortschritt gelten darf. Auch den Verkauf der Sklaven zu Gladiatorenkämpfen ohne vorhergegangene Erlaubnis des Gerichts untersagte er,[4]) wie er auch den Sklaven dadurch zu schonen suchte, dass er das schon unter Domitian erlassene Verbot der Kastration der Sklaven verschärfte. Wie ernst es ihm mit dieser Verordnung war, ist aus den strengen Strafen zu ermessen, die er auf die Übertretung derselben setzte: die Todesstrafe erleidet der Arzt, welcher die Kastration vornimmt, ebenso der Sklave, der sich freiwillig dazu hergibt; wer sonst dagegen fehlt, büsst mit seinem Vermögen.[5]) Von welch weittragender Bedeutung sein Erlass ist, durch welchen er die Aufhebung der ergastula, jener traurigen Stätten sklavischen Elends, gebot,[6]) wird später zu zeigen sein.

Sodann verdankt ihm auch jenes Gesetz seine Entstehung, welches verordnete, dass nicht alle Sklaven zur peinlichen Unter-

---

[1]) Zu ihrem Nachteile wurde erlassen, was uns erhalten ist in Gai. I 85, 86; Dig. 40, 16, 1 Gai.; Dig. 48, 3, 2 § 1 Papin.; Dig. 48, 16, 16 Paul.; zu ihrem Vorteile Dig. 40, 8, 6 § 1 u. l. 7 Paul.; ebend. 4 § 2 u. 6. [2]) Dig. 1, 6, 2 Ulp. [3]) Spart. Adr. 17. [4]) Spart. Adr. 17; vgl. cod. Iust. 4, 56, 1. [5]) Dig. 48, 8, 4 § 2. [6]) Spart. Adr. 17.

suchung, d. h. zur Folterung beigezogen werden sollten, wenn ein Herr in einem Hause getötet worden sei, sondern nur diejenigen, welche sich in der Nähe des Thatortes befunden hatten.[1]) Wenn aber der Sklave als Zeuge vor Gericht kommt, soll nach einem weiteren Erlasse Hadrians die Tortur nur dann Anwendung finden, wenn der Angeklagte schon sehr verdächtig ist und noch andere Beweisgründe für dessen Schuld sprechen, und nur die Folterung des Sklaven noch abzugehen scheint.[2]) Endlich finden wir aber auch in gleicher Weise, wie wir oben bei den Rechtsgelehrten gesehen haben, Hadrian zu gunsten der einmal über einen Sklaven ausgesprochenen Freiheit Entscheidungen treffen. Wenn ein Sklave durch einen Kodizill, der sich später als falsch erwiesen, die Freiheit erlangt hat, so darf er nach Hadrians Verordnung frei bleiben, hat aber dem Erben eine Entschädigung zu bezahlen.[3]) Ferner verordnete Hadrian, dass ein Sklave, dem die libertas directa vermacht ist (bezüglich der fideikommissarischen Freiheit existierte schon ein ähnlicher Senatsbeschluss, wohl auch nicht aus viel früherer Zeit stammend), den Erben zum Antritt der Erbschaft zwingen kann, wenn er durch Nichtantritt Sklave bleiben müsste.[4])

Soviel wird genügen, um die Tendenzen Hadrians bei seiner Gesetzgebung in das richtige Licht zu stellen. Er machte es sich zur Aufgabe, teils die unbedingte Gewalt über Leben und Tod der Sklaven den Herrn zu entziehen und jenen eine bessere Behandlung zu sichern, teils möglichst für die Freilassung zu sorgen.

Den in dieser Richtung vorgezeichneten Weg verfolgte Antoninus Pius weiter: derjenige, welcher ohne hinreichenden Grund seinen eigenen Sklaven tötet, muss ebenso bestraft werden, wie jener, welcher einen fremden Sklaven tötet.[5]) Auch Antonin beschränkt die Folterung bei gerichtlichen Untersuchungen.[6]) Aber auch die fideikommissarische Freilassung erhält durch ihn neue zum Vorteil der Sklaven erlassene Bestimmungen.[7]) Daran reiht

---

[1]) Spart. Adr. 17, Dig. 29, 5, 1 § 28. [2]) Dig. 18, 48, 1 § 1; vgl. ebend. § 2, § 5, § 22; ebend. l. 12, l. 17 § 2 u. l. 21. [3]) Cod. Iust. 7, 4, 2. [4]) Dig. 26, 5, 13 Pap.; 40, 5, 24 § 21. [5]) Dig. 1, 6, 1 § 2; Gai. inst. I 33. [6]) Dig. 48, 18, 9 u. § 1. [7]) Dig. 40, 5, 12 § 2; 30 § 6 u. 7; 31 § 4; 51 § 9.

sich die Verfügung des Antoninus, dass in einem Prozesse, in dem es sich um die Freiheitsrechte handelt, bei Stimmengleichheit der Richter zu gunsten der Freiheit entschieden werden solle.[1]) Endlich bestimmte er auch, dass die statuliberi, d. h. qui statutam et in tempus destinatam libertatem habent, nicht wie bis dahin üblich wie Sklaven, sondern schon wie Freie zu bestrafen seien.[2])

Am weitesten von allen Kaisern ging Mark-Aurel. Er schützte nicht nur den Sklaven als solchen und achtete in ihm den Menschen, indem er z. B. eine früher schon ergangene Bestimmung, die man zu umgehen suchte, durch die Verordnung verschärfte, dass die Herrn ihre Sklaven „neque per se neque per procuratores" für die Tierhetzen verkaufen dürften,[3]) sondern er suchte ganz besonders die Freilassung auf jede mögliche Art zu begünstigen.

Abgesehen davon, dass es auch demjenigen, welcher auf irgend eine unrechtmässige Weise seiner Freiheit verlustig gegangen war, leichter möglich gemacht wurde, sie wieder zu erlangen, wurden namentlich alle Eventualitäten, die einem das Recht auf Freiheit zu gewähren schienen, sorgfältig geprüft und möglichst im angedeuteten Sinne entschieden. Darauf bezieht sich auch die Äusserung, welche Capitolinus thut: atque hanc totam legem de assertionibus firmavit.[4]) Mark-Aurel beschränkte jenes kaiserliche Gesetz, welches bestimmte, dass ein Schuldner des Fiskus überhaupt keinen Sklaven freilassen könne; nur dann kann die Freiheit nicht eintreten, wenn der Herr zur Zeit, als er zahlungsunfähig war, betrügerischer Weise die Manumission vornahm.[5]) Dass nach einer Konstitution desselben dem Vorteil des Fiskus die Erteilung der Freiheit vorging, bestätigen die Institutionen.[6]) Einmal war in einem Testamente der Name des zu Befreienden vom Testator selbst ausgestrichen worden: Mark-Aurel reskribierte dennoch: liberum eum nihilominus fore, wozu Ulpius Marcellus, ein Jurist aus der Zeit des Kaisers, bemerkt:

---

[1]) Dig. 42, 1, 38 Paulus. [2]) Dig. 48, 19, 9 § 16. [3]) Dig. 18, 1, 12.
[4]) Cap. Marc. Aurel. 9. [5]) Dig. 40, 9, 11 § 1. [6]) Instit. 3, 12 § 1.

quod videlicet constituit favore libertatis. Bezeichnend ist auch, dass er wegen der Geldfrage keine Verzögerung der Freilassung eingetreten wissen wollte.[1]) Wenn ferner der Herr starb, ohne ein Testament gemacht zu haben, jedoch so, dass er diejenigen, welche er freilassen wollte, schriftlich aufgezeichnet hatte, so mussten nach Mark-Aurel diese Sklaven freigelassen werden, und es wurden ihnen sogar die Güter ihres Herrn zugesprochen, wenn die Gläubiger vollständig befriedigt waren.[2]) Ebenso befahl er auch, dass ein Sklave, welcher unter der Bedingung verkauft worden war, dass er in einer gewissen Zeit freigelassen werden sollte, die Freiheit erhielt, wenn auch Käufer und Verkäufer inzwischen ohne Erben gestorben waren.[3]) Endlich gibt auch die lex, worin er gestattet, dass ein Sklave, der, ohne schon befreit zu sein, als Erbe unter dem Namen libertus aufgeführt ist, „benigna interpretatione" die Erbschaft in Empfang nehmen könne, Zeugnis von Mark-Aurels Gesinnung.[4])

Wenn wir nun auch von den übrigen Kaisern, welche zur Zeit der grossen Juristen auf dem Throne sassen, Gesetze ausgehen sehen, welche den eben angeführten ähnlich sind,[5]) so können wir beispielsweise bei Caracalla diese kaum als den Ausfluss seines eigenen Humanitätsgefühles erachten und werden somit, da andere stichhaltige Ursachen nicht aufzufinden sind, wieder auf die Juristen zurückgeführt, deren Einfluss wir bereits kennen.

Da die Würdigung derartiger Strebungen der übrigen Kaiser des dritten Jahrhunderts ausserhalb der Sphäre unserer Betrachtung liegt, so haben wir nur noch desjenigen Faktors der römischen Gesetzgebung mit einem Worte zu gedenken, in dessen Händen sie wenigstens nominell war, wir meinen den Senat.

---

[1]) Dig. 40, 5, 37: neque humanum fuerit ob rei pecuniariae quaestionem libertati moram fieri sq. [2]) Dig. 40, 5, 2 Ulp. [3]) Dig. 40, 8, 1; weitere Begünstigungen testamentarischer Freiheit finden wir von ihm: Dig. 40, 5, 30 § 16; 31 § 1. [4]) Cod. Iust. 6, 27, 2; dass dieser „Antoninus" Mark-Aurel ist, beweisen die Namen der Konsuln (169). [5]) Caracalla: cod. Iust. 9, 47, 4; 7, 16, 1; 7, 10, 1; 7, 4, 1; 7, 1, 1. Dig. 40, 5, 12 Mod.; cod. Iust. 4, 14, 2. Alex. Sever.: cod. Iust. 7, 16, 3; 9, 35, 1; 9, 41, 1; 4, 14, 1.

Es ist oben angedeutet worden, dass die gesetzgeberische Thätigkeit des Senates nicht allzu hoch angeschlagen werden darf. Jeder Antrag zu einem neuen Gesetze nahm seinen Ausgang vom Kaiser, der die Initiative zu allen wichtigen Angelegenheiten des Staates hatte. Die kaiserliche oratio las der Quaestor im Senate vor; dieser erhob sie auf Vorschlag der Konsuln zum Gesetze. Es darf uns sonach nicht auffallen, wenn von der Zeit an, in welcher die auf eine Milderung des Sklavenloses zielenden Konstitutionen der Kaiser sich mehrten, auch die Senatsbeschlüsse dieser Art häufiger wurden. Bei Trajan aber findet sich eine grössere Anzahl solcher Senatsbeschlüsse als unter den folgenden Kaisern, weil seit Hadrian ein grosser Teil dieser Wirksamkeit des Senates, wie bereits erwähnt, auf das consilium principis überging. So erschien im Jahre 101 das S. C. Rubrianum, kraft dessen der Sklave vom Prätor als frei erklärt wurde, wenn der zur Manumission verpflichtete Fideikommisserbe, welcher aber seiner Pflicht nicht nachgekommen war, auf die Vorladung des Prätors hin nicht erschien.[1]) Das wahrscheinlich demselben Jahre angehörige S. C. Dasumianum beleuchtete die Bestimmung der vorigen S. C. für den Fall, dass der Verpflichtete aus einem vor Gericht giltigen Grunde abwesend war,[2]) während das S. C. Articuleianum, ebenfalls aus dem Jahre 101 stammend, den genannten Bedingungen auch für die Provinzen Geltung verschaffte.[3]) Unter Hadrian (od. Antoninus Pius) folgt das S. C. Vitrasianum, das die fideikommissarische Freilassung von der Obrigkeit vollziehen liess, falls der Verpflichtete oder einer der Verpflichteten infans war. Im Jahre 182 aber wurden durch das S. C. Iuncianum die früheren Senatsbeschlüsse auch auf den Sklaven ausgedehnt „qui mortis tempore eius qui rogavit, non fuerit."

Freilich wird durch diese bestimmt datierbaren Senatskonsulte den Sklaven nur nach einer Richtung — leichtere Ermöglichung der Freilassung — Erleichterung zu teil; allein wir

---

[1]) Dig. 40, 5, 26 § 7 Ulp.; § 8—11; l. 28 § 1—3. [2]) Dig. 40, 5, 51 § 4 Marcian. [3]) Dig. 40, 5, 51 § 7.

erkennen doch, dass auch der Senat von der ihn umgebenden Strömung ergriffen wurde. Es sassen in demselben ja auch viele der gebildesten Männer Roms, welche, bewandert in den Lehren des Seneca, des Musonius und der übrigen angesehenen stoischen Philosophen von deren hoher Bedeutung durchdrungen waren und diese Überzeugung durch ihr Votum im Senate zum Ausdruck brachten. Trotz dieser Gesetze aber hatten die Herren noch so viele Gelegenheiten, ihre Sklaven schlecht und rücksichtslos zu behandeln, war noch so viel der freien Willkür derselben anheimgestellt, dass Jhering[1]) neben der Gestaltung der Gesetzgebung als beachtenswerten Gesichtspunkt den Zuschnitt und Charakter erklärt, den das Institut der Sklaverei zu verschiedenen Zeiten in der Praxis des Lebens an sich trug.

Auch in dieser Beziehung begegnet uns in den ersten Jahrhunderten der Kaiserzeit ein Umschwung zum Besseren. Es sind besonders philosophisch gebildete Männer, welche sowohl die Billigkeit des Sklavenschutzes wiederholt aussprachen, als auch ganz besonders diese ihre Erkenntnis sich bei der Behandlung ihrer eigenen Sklaven zur Richtschnur dienen liessen.[2]) Haben wir schon gehört, dass Plutarch, der zwar ein Grieche von Geburt, aber infolge seines langjährigen Aufenthaltes in Rom mit den römischen Verhältnissen enge verwachsen war, die Bedeutung der Stoa in ihrem vollen Umfange würdigte, so bemerken wir jetzt auch, wie er den stoischen Gedanken praktische Anwendung im Leben verleiht. In seiner Schrift $\pi\varepsilon\varrho i$ $\dot{\alpha}o\varrho\gamma\varepsilon\sigma i\alpha\varsigma$ lässt Plutarch den Stoiker Fundanus, einen Schüler des Musonius, die Lehre von der Verwerflichkeit der Affekte darlegen, wobei man aus der ganzen Art der Darstellung ersieht, dass die Gedanken, die er dem Fundanus in den Mund legt, seine eigene Überzeugung sind. Dabei wird[3]) ausdrücklich hervorgehoben, dass die Unterdrückung der Affekte durch einen von aussen herkommenden Antrieb stattfinden müsse: diesen Impuls gebe die Philosophie. Auf solchen Erwägungen fussend, empfiehlt er auch

---

[1]) Jhering, Geist des röm. Rechtes, Leipzig 1854. 2. Teil, S. 179.
[2]) Marquardt a. a. O. S. 192. [3]) c. II der cit. Schr.

anderen die Milde, welche er seinen Sklaven gegenüber walten lässt.[1]) Dabei darf es uns nicht wundern, dass Plutarch auch die Erfolge dieses Vorgehens rühmt und hervorhebt, um wieviel folgsamer hiedurch die Sklaven würden. Denn es unterliegt keinem Zweifel, dass Plutarch denen, welche einem solchen Verfahren bisher ablehnend gegenüberstanden, aus dem Erfolge selbst die Gediegenheit jener philosophischen Grundsätze darthun wollte. Es ist von ihm ausserdem ein Ausspruch erhalten, durch den er zum alten Cato, der den Römern geraten hatte, alte Rinder, Sklaven und eiserne Werkzeuge zu verkaufen, in scharfen Gegensatz trat. Sache eines rohen, starren Charakters sei es, die Sklaven wie Lasttiere abzunützen, und wenn sie nicht mehr verwendbar, zu verstossen oder zu veräussern. Derartige Leute schienen ihm den Eigennutz höher zu stellen als das Gefühl der Zusammengehörigkeit der Menschen. (Ein echt stoischer Gedanke!) Darauf versichert er seine alt gewordenen Sklaven des Schutzes, den sie verdienten.[2])

In noch höherem Grade zeigen sich Milde und Nachsicht gegen die Sklaven bei dem edlen Plinius Caecilius Secundus. Sagten ihm auch nicht alle Sätze der Stoa zu, wie z. B. das altstoische, starre „$\dot{\alpha}\pi\alpha\vartheta\tilde{\eta}\ \varepsilon\tilde{\iota}\nu\alpha\iota\ \tau\grave{o}\nu\ \sigma o\varphi\acute{o}\nu$,"[3]) so lässt sich hieraus doch nicht der Schluss ziehen, dass er die Stoa perhorrescierte. Er rechnet es — und dies stimmt mit den Bestrebungen der abgeschliffenen Stoa überein — dem Titus Aristo wieder zu grossem Verdienste an „ut dolori resistat, ut sitim differat, ut incredibili febrium ardorem immotus opertusque transmittat."[4]) Auch Wallon lässt sich zu der Behauptung, dass auf Plinius der Stoizismus gar keine Anziehung geübt habe, durch eine falsche Auffassung einer Stelle in Plinius Briefen verführen, welche lautet: Nec ignoro alios huius modi casus nihil amplius vocare quam damnum (Plinius spricht von den vielen Todesfällen unter seinen Sklaven) eoque sibi magnos homines et sapientes videri. Qui an magni sapientesque sint, nescio:

---

[1]) a. a. O. c. XI. [2]) Plut. Cat. Mai. 5. [3]) Ep. VIII 16, § 4—6. [4]) Ep. I 22 § 7.

homines non sunt.[1]) Einen Tadel gegen die Philosophen spricht Plinius auch an einer anderen Stelle aus. „In summa," sagt er,[2]) „non facile quemquam ex istis, qui sapientiae studium habitu corporis praeferunt, huic viro (er meint Titus Aristo) comparabilis." Letztere Äusserung nun lässt die Vermutung als nicht gerade wahrscheinlich erscheinen, dass mit obigen Worten Cato Maior gemeint sei, dessen Herzlosigkeit gegen alte und kranke Sklaven von Plutarch getadelt wird. Plinius deutet an beiden Stellen auf seine Zeit. Er verdammt diejenigen, welche unter dem Aushängeschild der philosophischen Weisheit alles menschliche Gefühl abstreifen. Das war aber nicht die Stoa der Kaiserzeit: diese hatte sich der alten Härten des Systems längst entledigt. Wohl aber zählte der Cynismus, aus welchem sich ursprünglich der Stoizismus entwickelt hatte, noch viele Anhänger, welche im Freisein des Menschen von unnötigen Bedürfnissen und störenden Gemütsbewegungen die höchste Vollkommenheit des Menschen erblickten.[3]) Sicherlich sind es die Cyniker, welche Plinius mit seinem Tadel treffen wollte. In dieser Meinung werden wir dadurch bestärkt, dass Plinius in der Behandlung seiner Sklaven mit Senecas Vorschriften übereinstimmt. Als seine Freigelassenen und Sklaven — er nennt sie mei — viel durch Krankheiten zu leiden hatten und ihm mehrere sogar durch den Tod entrissen wurden, spendet er sich selbst den edelsten Trost, wenn er sagt: Unum (sc. solatium) facilitas manumittendi; videor enim non omnino immaturos perdidisse quos iam liberos perdidi; alterum, quod permitto servis quoque quasi testamenta facere eaque ut legitima custodio. Mandant rogantque quod visum; pareo ut iussus. Dividunt, donant, relinquunt, dumtaxat intra domum. Nam servis respublica quaedam et quasi civitas domus est. Sed quamquam his solatiis adquiescam, debilitor et frangor eadem illa humanitate, quae me ut hoc ipsum permitterem induxit.[4]) Solche Worte bedürfen wahrlich keines Kommentars! Und dass er sich gegen sein ganzes Ge-

---

[1]) Ep. VIII 16 § 3. [2]) Ep. I 22 § 6. [3]) Zeller a. a. O. S. 764 f.
[4]) Ep. VIII 16, § 1 — 3.

sinde wohlwollend zeigte, lehrt ein anderer Brief,[1]) wo aus der Zusammenstellung mit uxor und aus der ganzen Ausdrucksweise die Wertschätzung und Teilnahme ersichtlich ist, die er seinen Freigelassenen und Sklaven entgegenbrachte. Endlich scheint auch jene zu gunsten eines Sklaven Modestus von Plinius getroffene Entscheidung in einer causa dubia seine Gesinnung zu kennzeichnen.[2]) Eine gewisse Sabina hatte den Plinius und Sabinus zu Erben eingesetzt. Im Legate fanden sich auch die Worte: „Modesto quem liberum esse iussi." In Wirklichkeit war aber kein schriftlicher Beweis dafür vorhanden, dass sie denselben freigelassen hatte. Folglich waren die Erben nach dem Wortlaut des Gesetzes nicht verpflichtet, dem Genannten die Freiheit zu verleihen. Plinius rät daher seinem Miterben, die Sache so zu behandeln, als ob Sabina dem Modestus ausdrücklich testamentarisch die Freiheit geschenkt hätte. Allerdings betont er hier dem Sabinus gegenüber, dass es ihre Pflicht sei, den Willen der Verstorbenen höher zu achten als den Wortlaut des Gesetzes; aber unverkennbar ist die Freudigkeit und Bereitwilligkeit, mit welcher er dem Sklaven zu liebe die Freiheit verleiht, wenn er sagt: Moretur ergo in libertate sinentibus nobis, fruatur legato, quasi omnia diligentissime caverit.

Ähnlich wirkte durch sein Beispiel der bekannte Schriftsteller Galenus, der nicht nur als medizinischer Autor, sondern auch seiner philosophischen Bildung halber Beachtung verdient. Er war zwar kein Römer von Geburt (geb. zu Pergamon 131 n. Chr.), lebte aber von 164—167 und seit Kaiser Mark-Aurel wahrscheinlich ständig bis zu seinem Tode, der in die ersten Jahre des dritten Jahrhunderts fällt, in Rom. Dass er schon als junger Mann in die Philosophie eingeweiht wurde, geht aus vielen seiner Schriften, vor allem aber aus der Schrift *περὶ διαγνώσεως καὶ θεραπείας τῶν ἐν τῇ ἑκάστου ψυχῇ ἰδίων παθῶν* und *περὶ τῶν ἰδίων βίβλων* hervor. Sein Vater, erzählt er,[3]) habe die verschiedenen Philosophen auf ihren Lebens-

---

[1]) Ep. VIII 19. [2]) Ep. IV 10. [3]) *Περὶ διαγνώς·* c. VII p. 37, ed. Kühn, V. Bd.

wandel und in ihren Dogmen geprüft und sei alsdann zu denjenigen, welche ihm entsprochen, mit seinem Sohne gegangen. Von Interesse ist für uns die Mitteilung: „*ὑποπληρώσας δὲ τεσσαρακαιδέκατον ἔτος ἤκουον φιλοσόφων πολιτῶν, ἐπὶ πλεῖστον μὲν Στωϊκοῦ Φιλοπάτορος μαθητοῦ.*"[1]) Galen hat sich nun allerdings später mehr dem Aristoteles zugewandt, so dass er am passendsten als Eklektiker mit Aristotelischer Grundlage bezeichnet wird. Aber es verleugnen sich auch in dieser Zeit bei ihm die Spuren der Stoa, namentlich in der Ethik, keineswegs. So folgt er in der Lehre vom Affekte und in der Anerkennung der Menschenrechte des Sklaven den Stoikern.[2]) Diesen Prinzipien entsprechend verfuhr er auch gegen seine Sklaven schonend, wie ja auch schon sein Vater ihm hierin ein gutes Beispiel gegeben hatte. Niemals, berichtet er,[3]) habe er in seinem ganzen Leben einen Sklaven körperlich gezüchtigt und denjenigen seiner Freunde, welche dies thaten, seien von seiner Seite die bittersten Vorwürfe nicht erspart geblieben. Auch an seinen gegen Sklaven grausamen Reisebegleiter richtete Galen ähnliche Mahnungen, indem er ihn zur Mässigung seiner Affekte aufforderte. Und das Zureden verfehlte seine Wirkung nicht: *ἐκεῖνος μὲν οὖν ἐν ἑαυτῷ προνοησάμενος ἑαυτοῦ πολὺ βελτίων ἐγένετο.*[4])

In dieser Weise erleichterten philosophisch gebildete Männer nicht nur ihren eigenen Sklaven ihr vielfach an Beschwerden reiches Leben, sondern gewannen auch weitere Kreise für ihre Behandlungsmethode, welche sich allmählich zum Vorteil der Sklavenwelt fühlbar machen musste. —

---

[1]) Ebend. c. VIII p. 41, Kühn. [2]) Ebend. c. V p. 23 u. 22, Kühn
[3]) Ebend. c. IV p. 17, Kühn. [4]) Ebend. c. IV p. 22, Kühn.

Ist bisher von der Verbesserung der Lage des Sklaven im allgemeinen, abgesehen von seiner Beschäftigung, gehandelt worden, so muss im folgenden Teile eine einzelne Klasse, die ackerbautreibende Bevölkerung im römischen Reiche, deren Los in der Kaiserzeit mehrfachen Wandlungen unterworfen war, und somit die **Entstehungsgeschichte des Kolonats**, über welche bis in die neueste Zeit die Ansichten der Gelehrten auseinandergehen, in den Bereich dieser Untersuchung gezogen und geprüft werden, ob und nach welchen Gesichtspunkten das Sklaventum mit diesem Stande in Beziehung gebracht werden kann.

Das Rechtsverhältnis selbst, in welchem die coloni der späteren, in die Zeit von Diocletian bis Constantin fallenden Gesetzgebung standen, ist durch die neueren Untersuchungen, insbesondere jene von Pauffin[1]) im ganzen geklärt, wenn auch über einzelne strittige Punkte, deren Besprechung nur teilweise in den Rahmen vorliegender Untersuchung gehört, bei der Spärlichkeit der zu gebote stehenden Quellen eine Einigung noch nicht erzielt werden konnte.

Der Kolone besitzt die persönliche Freiheit, ist aber unlöslich samt seiner Nachkommenschaft an den Boden gebunden, dessen Bebauung ihm zur Pflicht gemacht ist. Dem Besitzer des Grundstückes hat er vom Ertrage einen bestimmten Teil (cano) abzuliefern. An den Staat hat der possessor, in seltenen Fällen der Kolone direkt, die capitatio, eine Besteuerung von Grund und Boden zu entrichten, welche sich nach der Kopfzahl der Bebauer eines Grundstückes richtete.[2]) Der Kolone war militärpflichtig, konnte aber nicht avancieren; während er diente, war er von der capitatio befreit. Er hat das ius conubii und commercii, kann Eigen-

---

[1]) Pauffin, Des origines du colonat et de la condition du colon en droit romain. Paris 1886. [2]) Pauffin, S. 38 ff.; nach Rodbertus (Rodbertus, „Zur Geschichte der agrarischen Entwicklung Roms unter den Kaisern oder die Adskriptizier, Inquilinen und Kolonen." Jahrb. für Nationalökon. u. Stat. von B. Hildebrand. 2. Bd. 1. H. S. 206 — 268) musste bloss für den Kolonen niederer, sklavischer Gattung, nicht für den freien Kolonen die capitatio entrichtet werden.

tum erwerben (propria, wofür auch der Ausdruck peculium vorkommt), das er allerdings nicht ohne die Einwilligung seines Herrn veräussern darf. Dagegen war ihm ein Erbrecht zugestanden. Rechtlich war er nicht unfähig, ein öffentliches Amt zu übernehmen, galt aber infolge seiner Verpflichtung zum Bebauen des Bodens für unabkömmlich. Der Eintritt in den geistlichen Stand war gestattet, aber Justinian machte ihn von der Erlaubnis des Grundherrn abhängig, was später wieder aufgehoben wurde. In den Stand des Kolonen trat man durch Geburt, worüber verschiedene klare und unklare Bestimmungen vorhanden sind; durch Verjährung (wenn jemand 30 Jahre Bebauer eines Grundstückes war, musste er Kolone werden); durch freiwilliges Übereinkommen; durch Heirat einer colona; durch ein besonderes, für einen bestimmten Fall erlassenes Gesetz.

Man hörte auf, Kolone zu sein: durch Verjährung (wenn man sich 30 Jahre lang, z. B. durch die Flucht, seinen Verpflichtungen als Kolone entzogen hatte); durch Erlangung der bischöflichen Würde; durch Kriegsdienst.

Ungleich schwieriger ist die zuerst von Savigny ins Auge gefasste Frage nach der Entstehung und historischen Entwicklung dieses Institutes. Denn dass der Kolonat nicht erst durch die uns erhaltenen Gesetze entstanden ist, sondern jedenfalls schon eine längere Entwicklungsphase durchgemacht hatte, lässt sich aus dem Charakter der betr. Gesetze, sowie aus der grossen Ausdehnung schliessen, welche dieser Stand um jene Zeit in allen Teilen des Reiches aufweist. Nachdem schon von Heisterbergk[1]) eine chronologische Übersicht über die seit Savigny erschienenen Abhandlungen, verbunden mit kurzer Wiedergabe ihres Hauptinhaltes, gegeben worden ist, so werden wir uns auf eine Gruppierung und kurze Kritik der bis dahin aufgestellten Hypothesen beschränken, um sodann nach Besprechung einiger neueren Erscheinungen auf diesem Gebiete zur Darlegung unseres eigenen Standpunktes überzugehen.

Eine der bisherigen Annahmen geht dahin, dass der Kolonat

---

[1]) Heisterbergk, Die Entstehung des Kolonats. Leipzig 1876.

aus vorrömischer oder wenigstens repüblikanischer Zeit stamme. A. Rudorff[1]) spricht die Vermutung aus, dass möglicherweise zur Zeit, als das von ihm erklärte Edikt des Präfekten Tiberius Julius Alexander (gerichtet an die Bewohner der thebaischen Oase in Ägypten um das Jahr 66 od. 67 n. Chr.) erlassen wurde, der Kolonat in Ägypten längst bestanden habe. Er folgert dies aus Zeile 30 — 33 der Inschrift, wo von γεωργοί die Rede ist, die als Grundeigentümer gleichwie δημόσιοι γεωργοί gegen einen Kanon (ἐκφόριον) in Früchten ein Grundstück kultivieren müssen (ἄδικον γάρ ἐστι τοὺς ὠνησαμένους κτήματα καὶ τιμὰς αὐτῶν ἀποδόντας ὡς δημοσίους γεωργοὺς ἐκφόρια ἀπαιτεῖσθαι τῶν ἰδίων ἐδαφῶν). Weil nun einerseits in alter Zeit in Ägypten γεωργοί, d. h. eine die Grundstücke der γεωμόροι (Grundeigentümer) bebauende Kaste vorhanden[2]) und Spuren davon im zweiten Jahrhundert v. Chr. zu finden seien,[3]) andererseits in der christlichen Kaiserzeit in Ägypten der Kolonat ausgebildet gewesen sei, sei es wahrscheinlich, dass die coloni der späteren Kaiserzeit in historischem Zusammenhange mit den früheren γεωργοί stünden und hiemit die Entstehung des Kolonats in Ägypten ihre Erklärung finde. Eine derartige Hypothese scheint gewagt. Denn, wie Rudorff zugesteht, ist weder das persönliche Verhältnis der γεωργοί noch ihr Verhältnis zum Grundstück in der Inschrift näher bestimmt. Dass man unter den δημόσιοι γεωργοί freie Pächter auf dem patrimonium Caesaris und kaum zeitlebens an Grund und Boden gefesselte Leute zu verstehen hat, dürfte aus Z. 10 — 11 derselben Inschrift erhellen, wo die Bitte der Ägyptier „ὑπὲρ τοῦ μὴ ἄκοντας ἀνθρώπους εἰς τελωνείας ἢ ἄλλας μισθώσεις οὐσιακὰς παρὰ τὸ κοινὸν [ἔ]θος τῶν ἐπαρχιῶν πρὸς βίαν ἄγεσθαι" als sehr gerechtfertigt anerkannt wird. Die Annahme eines freien Pachtes ist hier geradezu notwendig; dass Pächter unfreiwillig auf den Domänen waren, bildete eine Ausnahme von der Regel, was der römische Beamte als einen Missstand rügte.[4])

---

[1]) Rhein. Mus., II. Jahrg. (1828) S. 64 — 84, 133 — 191. [2]) Herod. II 178, Diod. I p. 85. [3]) Boeck, Erkl. p. 24 — 28. [4]) Vgl. Marquardt, R. St. V. II S. 251 A. 1.

Guizot[1]) behauptet, dass sogleich bei der Eroberung der Provinzen von den Römern der Kolonat eingerichtet worden sei. Hiefür müsste man aber, wie Heisterbergk[2]) richtig bemerkt, Belege haben; denn über die Einrichtung der Provinzen haben wir teilweise ziemlich eingehende Überlieferungen. Schultz[3]) glaubt, dass im ius gentium, das bei allen von den Römern unterworfenen Völkern in Geltung stand, das Rechtsverhältnis der Klientel oder des Kolonats (so!) ursprünglich begründet war und „dass die Hörigkeit in den verschiedenen örtlichen Verhältnissen in Italien und in allen Provinzen des Reiches zur alten Grundverfassung gehörte." Ihm gelten[4]) Freigelassene, Klienten und Kolonen, wenn nicht als Synonyma, so doch als einander sehr nahe liegende Begriffe. Diese Auffassung erklärt nicht die Entstehung des colonus in späterem Sinne; denn es fehlt die glebae adscriptio, welche gerade das Bedeutungsvollste in dessen Stellung war. Schultz lässt dann die Fesselung an den Boden teils spätere Kaiser nach germanischem Vorbilde vollziehen, teils als notwendige Folge aus den administrativen Einrichtungen des Abgabencensus hervorgehen und setzt so unbewusst die Entstehung des Kolonats in das dritte oder vierte Jahrhundert der Kaiserzeit.

Eine andere Vermutung sucht in den Barbarenansiedlungen im römischen Reiche die Entstehungsursache des Kolonats. Vertreter dieser Ansicht sind Wenk,[5]) A. W. Zumpt,[6]) Ph. Ed. Huschke,[7]) Savigny[8]) und Laboulaye.[9]) Auch Marquardt[10]) folgt dieser Annahme im wesentlichen, mit der kühnen Behauptung, dass diese Ansicht jetzt anerkannt und als sicher zu betrachten sei.

---

[1]) Guizot, Cours d'histoire moderne, 1829 — 30 VII leç. tom. III p. 387. [2]) a. a. O. S. 25. [3]) Schultz, Grundlegung zu einer geschichtlichen Staatswissenschaft der Römer. Köln 1833. [4]) a. a. O. S. 341. [5]) Ausgabe des cod. Theod. (1828), Komment. zu l. 5 t. 4, const. 3, S. 284. [6]) A. W. Zumpt, Über die Entstehung und hist. Entwicklung des Kolonats, Rhein. Mus. f. Philol., Neue Folge, 1843. 3. Jahrg. S. 1 — 69. [7]) Ph. Ed. Huschke, Geschichte der Steuerverfassung der röm. Kaiserzeit 1847, S. 145 — 175. [8]) Savigny, Vermischte Schriften (1850), II S. 1 — 66, 3. Bearbeitung. [9]) Laboulaye, Histoire du droit de propriété foncière en occident, p. 115 — 119. [10]) a. a. O. II S. 232 — 236.

Huschke bringt Belege dafür, dass schon im ersten Jahrhundert der Kaiserzeit Beispiele von Übersiedlung fremder Völker in römische Provinzen sich vorfinden und die folgenden Jahrhunderte hindurch verfolgen lassen. Er weist[1]) darauf hin, dass Augustus germanische Stämme nach Gallien übergesiedelt habe, um dem völligen Ruine des Ackerbaues im römischen Reiche entgegenzuarbeiten. Augustus sei als der Begründer des Kolonats anzusehen. Huschke bezieht auch die im cod. Theod.[2]) erhaltenen, auf eine Kolonatsgesetzgebung bezüglichen Worte „lex a maioribus constituta" auf Augustus. Hiefür fehlt aber jedes historische Zeugnis. Der Schluss ist lediglich auf die Annahme gegründet, dass Augustus Barbaren im römischen Reiche ansiedelte, deren Stellung als coloni sich jedoch nicht erweisen lässt. Huschke legt Gewicht darauf, dass es bei Sueton,[3]) wo von dieser Übersiedlung die Rede ist, sedibus (nicht agris) assignatis heisst, und dass bei demselben Schriftsteller[4]) die Bezeichnung Gallus tributarius vorkommt, wodurch der Gallier als Leibeigener gestempelt sei. Der Zusammenhang der Stelle fordert dies aber durchaus nicht. Der Provinziale war dem Römer gegenüber tributpflichtig, insoferne der ganze römische Provinzialboden als das Eigentum des römischen Volkes betrachtet wurde. Von einer Versetzung in das Kolonatsverhältnis kann noch nicht die Rede sein. Es handelte sich um eine Ansiedlung von Leuten an einem anderen Orte, ohne Beziehung auf ein Abhängigkeitsverhältnis zu einem Grundherrn. Der Ausdruck sedes kommt in diesem Sinne schon öfter bei Caesar vor. Einen Zwang auf jene Leute dauernd auszuüben, wäre bei der weiten Entfernung von Rom trotz der römischen Besatzung damals sehr schwer geworden. Mehr Berücksichtigung verdient die Nachricht von der Barbarenansiedlung im römischen Reiche in der Zeit des Kaisers Mark-Aurel, welche unten erörtert werden soll.

F. Walter[5]) und E. Kuhn[6]) glauben, dass man es in den

---

[1]) a. a. O. S. 160. [2]) l. 1 de colon. Palaest. 11, 50. [3]) Tib. 9. [4]) Aug. 40.
[5]) F. Walter, Römische Rechtsgeschichte, 2. Aufl. 1845. [6]) E. Kuhn, Geschichte der bürg. u. städt. Verfassung des röm. Reiches, 1864 1. Bd. S. 257—270.

Barbarenansiedlungen mit einer se cundären Form des Kolonats zu thun habe, eine Frage, welche am besten vorerst so lange offen gehalten wird, bis Belege für ein früheres Bestehen des Kolonats angeführt werden können.

Zur Sicherung seiner Aufstellungen legt A. W. Zumpt in der angeführten Abhandlung seinen Standpunkt gegenüber den übrigen Ansichten dar und kommt hiebei auch auf die Sklaven zu sprechen. Während er nämlich zugibt, dass in der Zeit, wo der Kolonat schon in der uns aus den Rechtsquellen bekannten Form bestand, freigeborene arme Bürger vom Stande der Freien in den der Kolonen herabsanken, hält er es nicht für möglich, dass damals, als der Kolonat schon festen Fuss gefasst hatte, Sklaven zu Kolonen werden konnten. Zumpt knüpft hiebei an Savignys erste Vermutung[1]) an, dass die ursprünglichen Kolonen alle oder zum Teil Sklaven waren, und führt in beistimmendem Sinne die von Savigny selbst ausgesprochene Befürchtung an, „dass in dieser so modifizierten Manumission etwas ganz Neues, dem alten Rechte völlig Fremdes gelegen haben würde." Es könnte, meint Zumpt, die Spur einer so einschneidenden Änderung althergebrachter Grundsätze in unseren Rechtsquellen unmöglich ganz und gar verschwunden sein. Wenn er aber auf ein Gesetz der Kaiser Theodosius und Valentinian II. hinweist, in welchem es u. a. heisst: licet condicione videantur ingenui, servi tamen terrae ipsius, cui nati sunt, existimentur[2]) und frägt, wie die coloni als ingenui angesehen werden konnten, wenn sie täglich noch aus den Sklaven ergänzt wurden, so hat er Folgendes ausser acht gelassen: Die Stelle handelt von thrakischen Kolonen, deren Ableitung von Sklaven sehr unwahrscheinlich wäre. Von diesen Kolonen der viel von Barbareneinfällen heimgesuchten Grenzprovinz, die selbst wahrscheinlich nichts anderes waren, als die Nachkommen der ehemaligen, nach der Eroberung expropriierten Grundbesitzer, darf kein allgemeiner Schluss auf das Kolonatsverhältnis im ganzen römischen Reiche

---

[1]) Abhandlung der Berliner Akademie 1822/23 hist.-philos. Kl. S. 1 — 26.
[2]) Cod. Iust. 11, 51.

gezogen werden. Zumpts allgemeinen Bedenken muss entgegengehalten werden, dass — und wir werden später darauf zurückkommen — möglicherweise auf privatrechtlichem Wege die Sklaven faktisch in die Stellung von coloni gelangt waren, ohne dass diese Änderung juristisch fixiert war. Völlig unbegreiflich aber scheint uns Zumpts Frage: Weshalb sollten auch die Herrn ihre Sklaven freilassen? Sie hatten denselben und noch mehr Nutzen von ihnen, wenn sie Sklaven blieben und als solche die Güter bebauten." So kann nur sprechen, wer die Misswirtschaft, welche die mit dem Landbau beschäftigten Sklaven trieben, nicht kennt. Welche Massregeln waren nötig, um die Sklaven an die harte und verhasste Feldarbeit zu fesseln! Wussten die Feldsklaven nicht sehr wohl, wie sehr sie den Sklaven in der Stadt gegenüber im Nachteil waren? Ausserdem scheint Zumpt nicht daran zu denken, dass in jenen Jahrhunderten, von denen wir handeln, ein Umschwung zu einer milderen Auffassung der Sklaverei und zur allmählichen Anerkennung der Menschenrechte des Sklaven unverkennbar ist.

Eine dritte Ansicht geht dahin, dass freie Kleingrundbesitzer und Pächter aus wirtschaftlichen oder fiskalischen Interessen auf Lebensdauer samt ihren Nachkommen an Grund und Boden gefesselt worden seien. Innerhalb der Reihe von Gelehrten, welche sich zu dieser Meinung bekennen, machen sich aber zwei Auffassungen geltend. Nach der einen hätten sich freie Kleinbauern, durch die Notlage veranlasst, mittels eines privatrechtlichen Abkommens in jene Bedingungen gefügt, welche später durch die Kolonatsgesetzgebung fixiert wurden. Wallon[1]) behauptet also, dass der Kolonat in seinem Ursprunge nur ein Werk der Gewalt sei. „Le mal datait de loin, en effet" sagt er,[2]) wo er unter mal diesen Zustand versteht, während er an anderen Stellen zugesteht, dass der Kolonat die Brücke zur Abschaffung der Sklaverei bildete.

---

[1])-a. a. O., tom. III S. 268 — 313; Yanoski (de l'abolition de l'esclavage ancien au moyen âge et de sa transformation en servitude de glèbe, Fortsetzung des Wallonschen Werkes) schliesst sich ihm im wesentlichen an.
[2]) p. 295 a. a. O.

Nicht mehrere, sondern nur eine Entstehungsursache habe dieser gehabt, die „administration impériale," welcher die Verarmung eines grossen Teiles der freien Bevölkerung die Elemente geliefert habe. Demgemäs tritt Wallon auch der früher von Savigny ausgesprochenen Vermutung entgegen, der Kolonat sei vielleicht dadurch entstanden, dass die Sklaven in den zwischen Sklaventum und Freiheit liegenden Zustand der Kolonen versetzt worden seien. Wenn er nicht zugesteht, dass schon der Gebrauch des Wortes patronus für den Gutsherrn des Kolonen auf obigen Schluss führe,[1]) so stimmen wir ihm hierin bei. Denn da die Stellung des Kolonen thatsächlich ein Mittelding zwischen Freiheit und Sklaverei war und teils mit dieser, teils mit dem Verhältnisse eines Freigelassenen äusserlich Ähnlichkeit hatte, so wäre die Wahl der Ausdrücke dominus und patronus nicht befremdend, auch wenn die Entstehung des Kolonats auf eine andere Weise erklärt werden müsste. Auf andere Einwände Wallons, die insbesondere einige strittige Pandektenstellen betreffen, wird unten zurückzukommen sein.

Abweichend von Wallon und Yanoski sucht Hegel[2]) und nach ihm Revillout[3]) die Initiative zum Kolonate in der Gesetzgebung. Die sehr bemerkenswerte Hypothese ist ein Analogieschluss. Wie die Kurialen und andere freie Genossenschaften durch den Druck des Despotismus zur Sicherstellung der Steuer als erbliche Grossgrundbesitzer an den Senat gefesselt waren, so habe Diocletian zur Sicherung der capitatio auf grund der origo, des Heimatrechtes, eine gesetzliche Fesselung der Kleinpächter an Grund und Boden vorgenommen. Die schöne Vermutung entbehrt zwar der direkten historischen Nachweise, aber der Vergleich, den Justinian[4]) zwischen der Bindung der Kurialen und jener der Adskriptizier anstellt, lässt die Ansicht an Wahrscheinlichkeit gewinnen. Nur die eine Frage bleibt bei dieser Erklä-

---

[1]) Cod. Just. 11, 51, 1; cod. Theod. V 11. [2]) Hegel, Geschichte der Städteverfassung von Italien. Leipzig 1847. [3]) Revillout, Étude sur l'histoire du colonat chez les Romains. Paris 1856 (separat; auch ersch. ir d. Revue historique de droit français et étranger 1856 und 57). [4]) Cod. Iust. 11, 48, 23.

rung noch offen, ob nicht vor Diocletian kolonatsähnliche Verhältnisse bestanden, welche dieser erst durch ein Gesetz zusammenfasste und organisierte.

Eine andere Gruppe von Gelehrten vertritt — allerdings mit wesentlichen gegenseitigen Abweichungen — die Anschauung, dass der Kolonat aus der Sklaverei hervorgegangen sei.

Sehen wir von Laferrière ab,[1]) welcher[2]) annimmt, dass gegen Ende der Republik Staatsländereien in freies Eigentum der Patrizier und Ritter umgewandelt und dabei ehemalige Sklaven, die Klienten, zu Kolonen auf Lebenszeit gemacht worden seien, eine Ansicht, welche sich mit den überlieferten Zeugnissen von dem Pachtsystem der nächsten Jahrhunderte nicht in Einklang bringen lässt, so verdienen Puchta[3]) Giraud[4]) und endlich Rodbertus[5]) besondere Berücksichtigung.

Puchta behauptet, dass durch eine modifizierte Freilassung aus dem Sklaven der Kolone entstanden sei und nimmt für diese Neuerung einen uns unbekannt gebliebenen Gesetzgeber an. Puchta vermag aber für das wirkliche Vorhandensein einer solchen, aus der früheren Kaiserzeit datierenden Gesetzgebung keinen Beweis zu erbringen. Giraud leitet mit Berührung des Humanitätsprinzips die Entstehung fraglichen Standes aus der Verpflichtung und dem allgemeinen Impuls zur Verbesserung der Lage der Sklaven ab. Indem er jedoch bei der Aufführung der historischen Zeugnisse die wichtigsten Merkmale des Kolonats ausser acht lässt und dadurch sowohl Sklaven als insbesondere in mehreren Fällen die freien, nicht dauernd an die Scholle gebundenen Pächter mit den eigentlichen coloni verwechselt, verliert die Arbeit an Wert. Gründlicher und mit grossem Scharfsinn behandelt den Gegenstand Rodbertus. Nach seiner Ansicht bilden Sklavenkolonen und Landbausklaven das „soziale Material" für die unter Constantinus erfolgende Kolonatsgesetzgebung, welche im Kodextitel „de agricolis

---

[1]) Laferrière, Histoire du droit français. Paris, 6 vol. 1845—58. [2]) Tom. II p. 440 ff. [3]) Puchta, Cursus der Institutionen, 1842, Bd II § 214. [4]) Giraud, Essai sur l'histoire du droit français au moyen âge. Paris-Leipz. 1846, t. I p. 148—183. [5]) a. a. O.

et censitis et colonis" uns erhalten sei. Bisherige Sklavenkolonen seien erst infolge des Eingreifens dieser Gesetzgebung freigelassen und so der Kolonat freien Standes geschaffen worden. In welchen Punkten wir ihm beistimmen können, wird die Darlegung unseres eigenen Standpunktes beweisen.

Eine besondere Besprechung macht die über unseren Gegenstand handelnde, schon oben citierte Schrift B. Heisterbergks notwendig. Obwohl eine ausführliche Darstellung des Inhalts genannten Buches im Jahresberichte über die Fortschritte der klassischen Altertumswissenschaft von C. Bursian[1]) gegeben ist, woran sich eine ganz kurze, einerseits die strenge Methode und grosse Vorsicht der Untersuchung anerkennende, andererseits die Stichhaltigkeit der Resultate bezweifelnde Kritik reiht, müssen wir — namentlich, da sie in Pauffins Buche, der letzten Arbeit auf diesem Gebiete, mit keinem Worte erwähnt wird —, um unsere Kritik verständlich zu machen, in Kürze den Inhalt der Abhandlung darlegen.

Nachdem der Verfasser im I. Abschnitte eine chronologische Übersicht der bisher erschienenen Werke über den Kolonat und im II. Abschnitte eine Kritik derselben gegeben, wendet er sich im III. Abschnitte gegen Rodbertus' Schrift und sucht dessen Annahme zu entkräften, dass der Kolonat als Sklavenkolonat auf italischem Boden dadurch entstanden sei, dass in der Zeit zwischen dem älteren und jüngeren Plinius auf den Latifundien infolge der volks- und landwirtschaftlichen Verhältnisse die Latifundien- und Inspektorenwirtschaft unhaltbar geworden und in Kleinwirtschaft- und Naturalpachtsteuersystem übergegangen sei, zu welchem besonders Sklaven ihr Kontingent gestellt hätten. Heisterbergk macht gegen Rodbertus geltend, dass die Existenz von Grosswirtschaft auf den italischen Latifundien ebensowenig unmittelbar bezeugt sei, als die Herstellung der Kleinwirtschaft. Eine Rückkehr von der Latifundien- zur Parzellenwirtschaft sei nämlich nicht denkbar gewesen mit Rücksicht auf die Bevölkerungsverhältnisse Italiens. Die militärisch-politische Sonderstellung habe eine Ab-

---

[1]) 7. Jahrgang, 1879, 3. Abtl. S. 472—78.

nahme der freien Bevölkerung Italiens seit dem zweiten punischen Kriege zur Folge gehabt. Auch die an Zahl immer mehr zurückgehenden Sklaven konnten nicht das nötige Material für den mehr Menschen erfordernden Kleinbetrieb bilden. Die Rodbertussche Annahme einer Ausdehnung der Gartenwirtschaft über den gesamten Boden der einzelnen Latifundien und das ganze Italien sei teils wegen der hohen Frachtkosten, teils wegen der nicht allzu bedeutenden Konsumtionsfähigkeit Roms abzuweisen. Auch könne der Gärtnerkolonat nicht grundlegend für den Getreidebauerkolonat gewesen sein.

Im IV. Abschnitte sucht der Verfasser Folgendes nachzuweisen: Aus Plin. H. XVIII 7 (Verum confitentibus etc.) darf nicht mit Rodbertus auf Latifundienwirtschaft, sondern nur auf Latifundienbesitz, der nicht bewirtschaftet wurde, geschlossen werden. Ein Zwang, beim Verschwinden des Kleingrundbesitzes die Kleinwirtschaft aufrecht zu erhalten, lag nur vor, wenn die Grundstücke auch besteuert waren, da der Besitzer dann genötigt war, sie zu bebauen. Da aber der italische Boden steuerfrei und nur der Provinzialboden besteuert war, so ist der Kolonat das Merkmal der Latifundienbildung auf dem steuerpflichtigen Boden der Provinzen. Die Kleinbauern in den Provinzen lieferten das Material zum Kolonate (denn der Sklavenbestand in den Provinzen war weniger zahlreich). Der Stand rechtlich freier, aber thatsächlich in ausgeprägter Abhängigkeit vom Grundherrn befindlicher Kleinpächter war dort wirklich vorhanden.

Die volle Wirkung der Belastung des Provinzialbodens kam dann hauptsächlich zum Ausdruck (Abschnitt V), wenn der Grossgrundbesitzer die Abgabe in Naturalien liefern musste. Da dies bei den Getreideprovinzen wirklich der Fall war, sind diese vornehmlich als die Heimat des Kolonats zu betrachten. Nun folgt mit Hilfe positiver Angaben der Nachweis, dass die Kornprovinzen des Reiches über die dem Kleinwirtschaftssystem entsprechende Bevölkerungszahl verfügten und die sich mit dem Kolonatsverhältnisse deckende Beziehung zum Boden und Herrn bestanden habe.

An die Spitze des nächsten Abschnittes stellt Heisterbergk den Gedanken, dass eine stärkere oder schwächere Ausbildung des Kolonats zufolge seines Ursprungs aus der Steuerpflichtigkeit des Provinzialbodens in allen Provinzen vorausgesetzt werden müsse. Aber die Verschiedenheit des Übergangs des Bodens in das Eigentum des römischen Volkes sei die Ursache, dass der Kolonat in einigen Provinzen (z. B. Ägypten) nur forterhalten, in anderen (z. B. Afrika, Gallien, Spanien, ferner einigen illyrischen Provinzen) erst geschaffen worden sei. Der Kapitulantenkolonat sei eine Nachbildung des schon bestehenden Kolonats. Die Neubildung desselben ging hauptsächlich durch Übersiedlung von Italikern in die Provinzen vor sich.

Zum Schlusse weist Heisterbergk darauf hin, wie die Provinzen in politischer Beziehung durch die Verleihung des römischen Bürgerrechtes an die Provinzialen die Gleichstellung mit Italien erhielten, während in wirtschaftlicher Hinsicht Diocletian die einzelnen Reichsteile von einander unabhängig machte, indem er die Steuerpflichtigkeit des Provinzialbodens auch auf den italischen übertrug. Aber in Italien konnte nicht so leicht ein neuer Ackerbaustand hervorgerufen werden. Abgeschlossen wurde die wirtschaftliche Gleichstellung der Provinzen mit Italien und unter sich erst durch die Kolonatsgesetzgebung. Die mit dieser gleichzeitig erfolgende Fesselung der Landbausklaven an Grundstücke mochte in manchen Teilen des Reiches einen Ersatz für mangelnde Kolonen freien Standes bieten; wo beide fehlten, wurden Barbaren angesiedelt. Die Kolonatsgesetzgebung führt zur Auflösung der antiken Gesellschaft, indem durch sie die Formen eines neuen Standes festgestellt wurden, welcher das römische Reich überdauern sollte.

Wenden wir uns zur Besprechung der auffällig und anfechtbar scheinenden Sätze!

Zur Widerlegung der Theorie, dass ein einheimischer freier Bauernstand durch die Gesetzgebung an Grund und Boden gefesselt worden sei, fordert Heisterbergk den Nachweis, dass eine freie ackerbautreibende Bevölkerung sich aus der vorkaiserlichen Epoche bis zur Gesetzgebung forterhalten habe, und zwar in einer

Stärke und Verbreitung, um aus ihr den zahlreichen Personalbestand der Kolonen im ganzen Reiche ableiten zu können. Heisterbergk scheint hiefür kein genügender Beweis erbracht zu sein, die Ausbreitung der Latifundien spreche dagegen. Er bestreitet, dass die Stellen, welche Wallon [1]), Revillout [2]) und Kuhn [3]) anführen, zutreffend seien und macht Wallon den Vorwurf, dass er unterlassen habe, das Vorhandensein des kleinen ländlichen Eigentums von Varro an bis zum Ende des Reiches nachzuweisen. Wallon citiert aber: Cod. Theod. 11, 24, 5 (399) und das Gesetz Justinians Nov. 33. Eine Betrachtung der Stelle im cod. Theod. ergibt, dass der Kaiser Constantius II. um das Jahr 360 n. Chr. in Ägypten gegen den dort aufgekommenen Brauch, dass sich coloni zur Ermöglichung einer Abgabenhinterziehung dem Schutze Mächtigerer anvertrauten, eine constitutio erliess; diese coloni sind aber, wie schon Gothofredus [4]) erklärt, rusticani qui proprias terras habebant, qui propria possidebant. Dass diese coloni nicht vereinzelt in Ägypten vorkamen, sondern in einer Stärke vorhanden waren, dass man mit ihnen rechnen musste, beweist eben der Erlass. Durch Arcadius trat im Jahre 399 noch eine Verschärfung dieser Massregel ein,[5]) und an obiger Stelle werden die coloni deutlich als agricolae vel vicani propria possidentes bezeichnet, wobei unter propria, wie der Zusammenhang lehrt, nicht sonstiges Eigentum, sondern propriae terrae zu verstehen sind. Nachdem also um diese Zeit in Ägypten offenbar sich ein freier Stand von Kleingrundbesitzern vorfindet, gestattet die anerkannte Stabilität derartiger Verhältnisse in Ägypten die Annahme, dass dieser Stand schon die ganze Kaiserzeit hindurch existiert habe.

Dasselbe lässt sich auf grund einer Stelle bei Salvian [6]) zum Teil auch für Gallien behaupten. Was Italien anlangt, so darf man die Bedeutung der Worte Varros, welche in den letzten Jahren der römischen Republik geschrieben sind: Liberis (sc. agri

---

[1]) Wallon III, S. 284, A. 1 a. a. O. [2]) Revillout a. a. O. I S. 28 A. 5.
[3]) Kuhn a. a. O. S. 259 A. 1949. [4]) Nota 3 zur Stelle. [5]) l. 5 dess. Tit.
[6]) Salvian, De gubern. Dei V 8, 9; er schrieb um 430.

coluntur) aut cum ipsi colunt, ut plerique pauperculi cum sua progenie¹) nicht unterschätzen. Berücksichtigen wir, dass die Latifundienbildung um diese Zeit schon ziemlich abgeschlossen war,²) so muss zugegeben werden, dass es im ersten Jahrhundert der Kaiserzeit noch viele freie Kleingrundbesitzer (plerique!) gab. Vergleicht man hiemit die Angaben des jüngeren Plinius, aus denen hervorgeht, dass in der That mit dem Beginn des zweiten Jahrhunderts n. Chr. ausgedehnte Länderstrecken Oberitaliens in den Pacht freier Leute gegeben waren, von denen allerdings viele in bezug auf Tüchtigkeit zu wünschen übrig liessen,³) so kann kaum mit Erfolg bestritten werden, dass es faktisch in gewisser Stärke im zweiten Jahrhundert einen freien Pächterstand gab, welcher eventuell Material für den neuen Stand abgeben konnte.

Sodann bestreitet Heisterbergk die Existenz einer geregelten Grosswirtschaft auf italischen Latifundien. Anknüpfend an die Stelle bei Plinius:¹) latifundia perdidere Italiam, iam vero et provincias, gibt er seine Meinung dahin ab, dass die Stelle nicht mit Rodbertus auf Grosswirtschaft zu beziehen sei, da die nächste Folge von Latifundienerwerb in Italien Nichtbewirtschaftung gewesen sei, wozu man auch die Weidewirtschaft rechnen müsse, welche verhältnismässig wenige Leute beschäftigt habe. Hätte man, folgert er weiter, von der Nichtbewirtschaftung zu einer geregelten Latifundienwirtschaft übergehen wollen, so hätte das Personal auf den Gütern hiefür nicht im entferntesten ausgereicht. Daher sei kein geregelter Grossbetrieb möglich und somit auch ein allgemeiner Übergang zur Kleinwirtschaft von vorneherein ausgeschlossen gewesen.

Heisterbergk geht wie Rodbertus bei dieser Argumentation von einer falschen Voraussetzung aus. Ein blühendes, streng wirtschaftliches System bedingte keineswegs, dass jedes Latifun-

---

¹) De re rust. I 17. ²) Plin. nat. hist. XVIII 7 gibt bereits ein Urteil über die Wirkungen der Latifundienbildung. ³) Ep. III 19, 6, 7 u. IX 37, 1, 2, Angaben, welche uns unten noch einmal begegnen werden. ⁴) N. H. XVIII 7.

dium seiner ganzen Ausdehnung nach in Ackerland umgewandelt werden musste. Grosse Strecken dienten als Weideplätze oder lagen zeitweise brach, weil die Grundbesitzer nicht das genügende Sklavenmaterial zur Verfügung hatten; was sie aber bebauten, konnte recht wohl mittels geregelten Grossbetriebes bewirtschaftet werden. Grosswirtschaft mit allen ihren Bedingungen war in der Zeit des Varro und Columella wirklich vorhanden. Das 17. Kapitel des ersten Buches in Varros Schrift de re rustica lässt sich so, wie von servi die Rede ist, nur auf Grossbetrieb beziehen, wofür auch das wiederholte Vorkommen der praefecti spricht. Auch aus der Erwähnung von mercennarii (also nicht coloni, Pächter; Varro scheint letztere noch nicht zu kennen) kann man auf Grossbetrieb schliessen. Coloni sind ein Merkmal der Pachtwirtschaft. Bei Columella treten schon die freien coloni (Pächter auf eine gewisse Zeit) hervor, daneben existiert aber auf den weniger entlegenen Ländereien[1]) noch der Grossbetrieb, was aus den Worten: In longinquis tamen fundis, in quos non est facilis excursus patris familias, cum omne genus agri tolerabilius sit sub liberis colonis quam sub villicis servis habere etc.[2]) ebenso hervorgeht, wie aus der Erwähnung der ergastula, der traurigen Sammelstätten des Grossbetriebes.[3])

Die angeführten Stellen beweisen also nicht nur das Vorhandensein von Grosswirtschaft, sondern auch, dass im Laufe des ersten Jahrhunderts n. Chr. sich ein Umschwung zur Kleinwirtschaft geltend machte, so zwar, dass diese zu Plinius des Jüngeren Zeit die herrschende Wirtschaftsform geworden war.[4]) Heisterbergk irrt ferner, wenn er annimmt, dass der ganze Grund und Boden, welcher bis dahin mit Getreide bebaut war, bei dem Übergang zur Gartenkultur hiezu verwendet werden musste. Denn fürs erste ist dort immer neben den Gartenprodukten noch Getreide gebaut und Viehwirtschaft getrieben worden.

---

[1]) Und selbst auf den entfernteren, nur wird dies von dem erfahrenen Schriftsteller als unpraktisch widerraten. [2]) Col. r. r. I 7. [3]) Col. I 8 u. XI 1. [4]) Ep. III 19, 7.

Dann kommt in betracht, dass sich der Bau des Luxusgemüses und sonstiger landwirtschaftlicher Bedarfsartikel für den reichen Markt der die weitgehendsten Forderungen stellenden Römer weit besser als die bisherige Kultur rentierte, dass man hiedurch von einem kleineren Grundstücke ebensoviel Gewinn zu erzielen vermochte als von einem weit grösseren Getreidefelde. Nachdem endlich bei Kleinwirtschaft durchschnittlich mehr gearbeitet wurde, und oft eine Anzahl von Pachtleuten, welche in eigenem Interesse mit Freudigkeit ihre Aufgabe zu lösen suchten, ebensoviel ausrichtete, wie die doppelte Zahl von störrigen, schlecht geleiteten und schwierig zu behandelnden Sklaven, müssen wir die Umwandlung vom Gross- in Kleinbetrieb nicht nur für möglich, sondern sogar für sehr begreiflich erklären. Wenn aber Heisterbergk glaubt, dass der Gärtnerkolonat für die Bildung eines Getreidebaukolonats in den Provinzen nicht die Grundlage werden konnte, so ist zu bedenken: Es ist in erster Linie fraglich, ob der Kolonat in Italien und allen Provinzen auf die gleiche Art entstanden ist. Die Macht der lokalen Verhältnisse muss, solange nicht die Gesetzgebung eingreift, für gewaltiger gelten als der von aussen her in irgend ein Land eindringende Einfluss. Aber gesetzt auch, dass sich der Kolonat von Italien aus nach den Provinzen verbreitet hätte, so würde der Umstand, dass die landwirtschaftliche Bevölkerung Italiens sich vorherrschend mit Gartenbau befasst hat, nicht hindern, dass die getreidebauende Bevölkerung der Provinzen in demselben Stande sich befunden, d. h. bei verschiedener landwirtschaftlicher Kultur dieselben sozialen Rechte und Pflichten gehabt hätte wie der italische Kolone. Es handelte sich zunächst darum, dass in einem Teile des Reiches, sei es Italien, sei es Provinz, bei der landbautreibenden Bevölkerung die Merkmale des Kolonates, wie sie uns in der späteren Gesetzgebung entgegentreten, sich vorfanden. Für das ganze Reich bindend wirkte wahrscheinlich nur das Eingreifen der Staatsleitung.

Prüfen wir sodann Heisterbergks Behauptung, dass durch die Besteuerung des Provinzialbodens die dortigen Grossgrundbesitzer, namentlich wo Naturalsteuer erhoben werden musste, gehalten gewesen seien, den Boden möglichst intensiv zu bebauen und dadurch Klein- oder Pachtwirtschaft und somit die Grundbedingungen des Kolonats gegeben gewesen seien, so gestehen wir gerne zu, dass dieser Gedanke einen guten Kern enthält, ohne deshalb auch die Richtigkeit aller von Heisterbergk hieran geknüpften Folgerungen anzuerkennen.

So scheint uns das Urteil über die Grossgrundbesitzer Italiens hinsichtlich ihres wirtschaftlichen Sinnes, den wir damit durchaus nicht als Muster preisen möchten, im ganzen zu hart zu sein. Abgesehen von der rhetorisch aufgebauschten Stelle bei Quintilian[1]) wird bei Seneca[2]) wohl nicht so sehr die **Austreibung** als die **Enteignung** betont werden dürfen. Die neuen Grundherrn hätten die früheren Eigentümer gerne als Pächter auf ihren Gütern geduldet; allein diese Leute zogen es in der Regel vor, ihr ehemaliges Grundstück zu verlassen und entweder nach Rom zu ziehen, um dort zur Vermehrung des Proletariates beizutragen, oder verlockenden Anerbieten, in Provinzen, wie z. B. Afrika, zu gehen, Folge zu leisten. Auch in Italien gab es Grundbesitzer, welche bemüht waren, ihre Güter mit den nötigen Bebauern auszustatten, wie die Briefe Plinius des Jüngeren beweisen. Daraus[3]) ist ersichtlich, dass Italien — wir widersprechen dadurch unserer oben[4]) aufgestellten Behauptung nicht — nicht genügend viele coloni aufbrachte, was einen Rückgang der Preise für die Landgüter bedeutete und die Erwerbung grosser Komplexe begünstigte. Ein nicht zu unterschätzendes Moment in dieser Frage ist der Unterschied zwischen den enteigneten cives und den Provinzialen. Diese nahmen auf sich, was jene in der Regel verschmähten.

Die Stichhaltigkeit der auf diesen Punkt bezüglichen Deduktionen Heisterbergks wird auch gefährdet durch den erwähnten Satz Plinius des Älteren: Verum confitentibus latifundia perdidere Italiam, iam vero et provincias. Dass hier Plinius **die Folgen** der Latifundienbildung (mag man nun darunter **Betrieb** oder

---

[1]) Quintilian, 13. Deklamation. [2]) Seneca, epist. moral. 90, 39. [3]) Ep. III 19, 7. [4]) Seite 67.

Besitz verstehen) in Italien und in den Provinzen als an sich gleich hinstellt, wird kaum mit Recht bezweifelt. Wir ergänzen bei der Stelle, wie Heisterbergk, zu iam vero et provincias das Präsens perdunt, sehen demnach gar nicht ein, wie hinsichtlich Italiens das Prädikat perdidere wirklich das Verderbliche des Latifundienwesens betonen, bei den Provinzen dagegen dasselbe Prädikat (allerdings in anderem Tempus) nur die Ausdehnung, nicht aber auch die Verderblichkeit anzeigen soll. Durch die Heranziehung der Stelle bei Frontin[1]) wird nur klar, was sich auch schon aus Plinius Worten ergibt, dass nämlich in Italien die Latifundienbildung sich früher vollzogen hat und die betreffenden Wirkungen sich früher fühlbar machen mussten als in den Provinzen. Dies darf uns aber nicht befremden. Italien war kleiner als Provinzen wie Afrika, die Bildung des Grossgrundbesitzes reicht hier zeitlich weiter zurück und war wegen der Nähe verlockender als in den Provinzen. Dazu kam als wichtiger Faktor die Steuerfreiheit des italischen Bodens. In den Provinzen entwickelten sich die Latifundien später, hatten aber ähnliche Folgen wie in Italien. Dass dabei Sachwalter zur Zeit Juvenals in den Provinzen, wo die Latifundienbildung noch im besten Flusse war, lohnendere Geschäfte machten als in Italien, bedarf keiner weiteren Erörterung. Nimmt man nun an, dass in den Provinzen bei der Entstehung von Latifundien die bisherigen eingeborenen Kleinwirte auf ihren Grundstücken verblieben, so muss doch andererseits auch betont werden, dass in manchen Provinzen, z. B. Afrika, auch viele eingewanderte Italiker Kleingrundbesitz hatten, welche sich in jener Zeit kaum dazu verstanden, sich in ein Verhältnis zu begeben, das ihnen eine unlösliche Fesselung an den Boden eintrug. Gewohnheit und Vererbung dürfen hinsichtlich freier Leute deshalb nicht als Grundlage für die Merkmale eines neuen Standes angenommen werden, weil sie sich höchstens auf einige Fälle beziehen, nicht aber Anspruch auf Allgemeinheit erheben können.

Jedenfalls müsste auch für die frühere Kaiserzeit sich die

---

[1]) Frontin, de controv. agror. S. 53 ed. Lachmann.

Zugehörigkeit des Kolonen zum Boden in den Provinzen nachweisen lassen. Aus Columella I 3, 12 wird sich der Beweis kaum erbringen lassen. Die Stelle lautet: Modus ergo qui in omnibus rebus, etiam parandis agris adhibebitur: tantum enim obtinendum est, quanto est opus, ut emisse videamur quo potiremur, non quo oneraremur ipsi atque aliis fruendum eriperemus, more praepotentium, qui possident fines gentium, quos ne circumire equis quidem valent, sed proculcandos pecudibus et vastandos ac populandos feris derelinquunt, aut occupatos nexu civium et ergastulis tenent. Hier ist nexus nicht, wie Forcellini glaubt, auf die Schuldknechtschaft zu beziehen, da diese in Italien durch die lex Petillia (od. Poetelia) Papiria im Jahre 326 v. Chr. abgeschafft worden war. Damit ist noch nicht gesagt, dass nexus identisch mit dem späteren nexus colonarius sei. Das Wort nexus kommt auch im Sinne: Verpflichtung, Verbindlichkeit vor.[1]) Die Verbindlichkeit kann bei einem Feldarbeiter vertragsgemäss auf eine gewisse Zeit eingegangen, nach Ablauf derselben wieder gelöst worden sein. Davon abgesehen scheint die Stelle textlich verdorben zu sein. Versuchen wir die Worte occupatos — tenent zu erklären, so ist das voranstehende occupatos näher mit nexu civium als mit tenent zu verbinden, wodurch dann der Gedanke entsteht: nachdem sie (die praepotentes) den Grund infolge einer Verpflichtung (oder Schuldverpflichtung) von Bürgern an sich gebracht haben (wobei natürlich nicht von einer Entziehung der persönlichen Freiheit, sondern nur vom Verluste des Grundbesitzes die Rede wäre). Dazu passt aber „et ergastulis" nicht. Sollte nicht schliesslich et Interpolation oder eine Verstümmelung aus irgend einem anderen Worte sein? Jedenfalls dünkt uns das eine sicher, dass man bei der textlichen Unsicherheit und der Möglichkeit einer anderen Erklärung der Stelle keinesfalls hieraus einen so wichtigen Schluss ziehen darf, wenn nicht analoge Stellen vorhanden sind.

Sodann wendet sich Heisterbergk zu Columella I 7: Atque hi (gemeint sind die Besteller der Grundstücke) vel coloni, vel

---

[1]) Dig. 46, 4, 1 Modest. und Dig. 10, 2, 33 Papin.

servi sunt soluti aut vincti. Mit Recht bemerkt Heisterbergk den Ausführungen Rodbertus' gegenüber, dass hier unter coloni nicht Sklaven zu verstehen seien; dies geht aus dem Ausdrucke sub liberis colonis, welche mit den bloss coloni bezeichneten Leuten gleichbedeutend sind,[1]) und aus dem Anfange des 8. Kapitels desselben Buches zur genüge hervor.

Diese freien coloni waren aber wesentlich andere als die coloni der späteren Gesetzgebung, was aus cap. 7 selbst erhellt. Heisterbergk sucht aus Columellas Vorschriften für den Herrn: avarius opus exigat quam pensiones: quoniam et minus id offendit et tamen in universum magis prodest. Nam ubi sedulo colitur ager, plerumque compendium, nunquam .... detrimentum affert, eoque remissionem colonus petere non audet, zu folgern, dass man es hier mit einem über das Pachtverhältnis weit hinausgehenden, der Hörigkeit sich nähernden Abhängigkeitsgrad des seinem Stande nach freien Kleinpächters zu thun habe, da obige Vorschrift anstatt des freien Gebrauches des erpachteten Bodens neben die Verpflichtung des Pächters zur Zinsentrichtung dessen Verpflichtung zur Bebauung des Bodens stelle. Diese Verbindlichkeit oblag dem Pächter allerdings, aber nur solange, als der Pachtvertrag dauerte, ein Moment, welches nicht unberücksichtigt bleiben darf. Ferner heisst es in demselben Kapitel: patris familias felicissimum fundum esse qui colonos indigenas haberet et tanquam in paterna possessione natos, iam inde a cunabulis longa familiaritate retineret. Rem malam esse frequentem locationem fundi .... Propter quod operam dandam esse, ut et rusticos et eosdem assiduos colonos retineamus. Es wird also, nachdem den Herrn der Rat gegegeben worden ist, gegen die Kolonen nicht zu strenge zu verfahren, der Gedanke ausgeführt, dass es möglichst günstig für den Grundbesitzer sei, wenn es ihm gelinge, seine Kolonen recht lange auf seinem Gute zu erhalten. Dieser Umstand, sowie der Ausdruck „operam dandam esse" beweist aber deutlich, dass der Herr solche Wirkungen nur durch sein Benehmen erzielen konnte, und dass

---

[1]) Servi als „quasi coloni" waren in jener Zeit noch selten.

nicht irgend ein Zwang für den Kolonen bestand; auf einem Gute zu bleiben. Nach Ablauf der festgesetzten Pachtzeit kann der bisherige Pächter wieder pachten, wenn beide Teile zufrieden waren. So kam es auch, dass in manchen Fällen dasselbe Grundstück lange Zeit in den Händen derselben Pächterfamlie war. Dass obige Ausführungen Columellas deshalb, weil er Provinziale war und weil er das System der Verpachtung an freie Kolonen gerade für den Getreidebau dem Betriebe durch Sklaven vorzog, nur auf die Provinzen bezug habe, und sonach diese Wirtschaftsform sich als ein Merkmal der Provinzen ergebe, ist nicht wahrscheinlich. Columella berücksichtigt auch sonst Italien in seinen Darlegungen ebenso wie die Provinzen. Plinius' Episteln[1]) bezeugen von Oberitalien, welches um seine Zeit längst nicht mehr Provinz war,[2]) dass dort — und es war Getreidegegend — Pachtwirtschaft der herrschende Betriebsmodus war.

Bei der Begründung seiner Behauptung, dass nirgends der Ursprung des Kolonats mit grösserer Wahrscheinlichkeit des Erfolges gesucht werde als in den Kornprovinzen, wo das Naturalsteuersystem den Grossgrundbesitzer auf Kleinpacht angewiesen habe, macht sich Heisterbergk selbst den Einwurf, ob denn nicht die Latifundienbesitzer den gewinnbringenden Grossbetrieb der Kleinwirtschaft vorziehen mussten, und führt zur Widerlegung desselben den unwirtschaftlichen Sinn der Possessoren ins Feld. Konnten wir dieses Argument für Italien nur teilweise als richtig anerkennen, dürfen wir es um so weniger hinsichtlich der Provinzen zugeben. Diese, namentlich die fruchtbaren Getreideprovinzen dürften, natürlich nicht ohne Ausnahmen, Gegenstand der Spekulation gewesen sein, eine Ansicht, welche auch Marquardt teilt, wenn er sich über die Provinz Afrika also äussert: „Ein zweiter Teil des Landes wurde vom Staate an Privatleute verkauft. und dass die Käufer römische Spekulanten waren, lässt sich um so weniger bezweifeln, da die afrikanischen Landgüter auch später eifrig zusammengekauft wurden und als latifundia

---

[1]) III 18, IX 37. [2]) Mommsen, R. St. R. II 217; Marquardt, R. St. V. I 60.

in den Händen weniger römischer Kapitalisten sich befanden.¹) Sollten die Spekulanten den vom Standpunkte der Rücksicht auf Produktion der Kleinwirtschaft vorzuziehenden Grossbetrieb vollständig hintangesetzt haben, zumal bei gut geleiteter Grosswirtschaft mit weniger Arbeitskräften auszukommen war? Die Schwierigkeit der Beschaffung der Sklavenbestände war für die Provinzen nur scheinbar viel grösser als für Italien. Es war für den einzelnen fast gleichgiltig, ob er die Sklaven auf dem römischen Markte für italische oder überseeische Besitzungen erwarb; die Transportkosten verschwanden im Verhältnis zu den Ankaufssummen. Grössere Schwierigkeit bereitete die Beaufsichtigung, hiebei musste sich der Besitzer allerdings auf seinen Verwalter verlassen. Eine andere Frage wird sein, ob nicht die vorhandenen einheimischen Arbeitskräfte den Grundbesitzern gewinnbringender schienen. Allein z. B. in Afrika war durch die punischen Kriege die ländliche Bevölkerung so sehr erschöpft, dass nun Ackerbauern von auswärts zugeführt werden mussten — sicherlich neben freien Kolonisten auch Sklaven, welche zum Grossbetrieb bestimmt waren. Man darf also wohl diese Weise der Bewirtschaftung selbst in Getreideprovinzen nicht völlig ausschliessen.

Ziehen wir dazu die Stelle bei Frontin²) heran, welche lautet: Inter respublicas et privatos non facile tales in Italia controversiae (Grenzstreitigkeiten) moventur, sed frequenter in provinciis, praecipue in Africa; ubi saltus non minores habent privati quam respublicae territoria: quin immo multis saltus longe maiores sunt territoriis. **Habent autem in saltibus privati non exiguum populum plebeium et vicos circa villam in modum munitionum.** Tum respublicae controversias de iure territorii solent movere, quod aut indicere munera dicant oportere in ea parte soli, aut legere tironem ex vico aut vecturas aut copias devehendas indicere eis locis, quae loca adserere conantur. Eiusmodi lites non tantum cum privatis hominibus habent, sed et plerumque cum Caesare, qui in provincia non exiguum possidet.

---

¹) Marq. R. St. V. I S. 316. ²) Frontin, De controv. agr. S. 53 ed. Lachmann.

Hieraus zieht Heisterbergk einen Schluss auf die Standesverhältnisse der dort ackerbautreibenden Klasse und kommt zu dem Resultate, dass bei ihr die Merkmale des Kolonats vollständig vorhanden gewesen seien. Die Dichtheit der Bevölkerung[1]) deute ebenso auf Kleinbetrieb wie die Bemerkung: „Sie haben Dörfer rings um ihre Villa." Im allgemeinen kann der erstere Grund die ihm zugeschriebenen Wirkungen haben; bei Grossbetrieb, welcher mit weniger Arbeitsmaterial auszukommen vermag, tritt gerne eine Abnahme der Bevölkerung in einem derart kultivierten Landstriche ein. Es kann aber, wenn äusserer Zwang zu grosser Produktion (wie beim Naturalsteuersystem) hinzutritt, oder wenn die Besitzer Spekulanten sind, trotzdem auch bei Latifundienwirtschaft die Bevölkerung dicht sein. Was jedoch den Satz „Habent .... populum plebeium et vicos circa villam in modum munitionum" anbelangt, so neigen wir der Auffassung zu, dass gerade die Dörfer, also das Zusammenwohnen einer grösseren Anzahl von Ackerbauern auf Grossbetrieb deute. Denn auf den Latifundien hätte es wohl kaum Dörfer in unserem heutigen Sinne gegeben, wenn Kleinbetrieb vorgeherrscht hätte. Wahrscheinlich hätten die Pächter mit ihrer geringen Zahl von Knechten einzeln in den gepachteten Landstrichen gewohnt. Es könnte dann auch nicht von einer Art von Verschanzungen gesprochen werden; denn diese Wohnungen wären beim Kleinpachtsysteme zu weit auseinander gelegen gewesen und hätten so nicht das Aussehen von Verschanzungen gehabt.

Ferner ist der Ausdruck populum plebeium so allgemein, dass man sich kaum der Ansicht erwehren kann, Columella habe damit jene verschiedenen Elemente zusammenfassen wollen, welche derartige Besitztümer bevölkerten. Es kommen hiebei Sklaven und Provinzialen ebenso in betracht, wie aus Italien angelocktes Proletariat. Aber das Abhängigkeitsverhältnis der beiden letzgenannten Klassen weist noch nicht die Bedingungen auf, welche der eigentliche Kolonat fordert. Aus der Stelle ist durchaus nicht ersichtlich — privati habent sagt dies

---

[1]) Herodian VII 4.

nicht —, dass ein solcher Arbeiter unlöslich an das Grundstück gefesselt war.

Setzen wir aber den Fall, es lägen in der Stelle wirklich sämmtliche Merkmale des Kolonats, selbst dann wären wir noch nicht berechtigt, das Vorkommen desselben für die ganze Provinz Afrika, geschweige denn für alle Provinzen und das ganze römische Reich überhaupt in Anspruch zu nehmen. Wie wir aus dem Plebiscit vom Jahre 643 a. u. $=$ 111 v. Chr.[1]) erfahren und Marquardt[2]) darlegt, war die Besitznahme des von den Römern eroberten Landes, welches die Provinz Afrika ausmachte, keine gleichmässige. Es wurden sofort 7 Städte als civitates liberae anerkannt und ihnen ihr bisheriges Territorium gelassen oder vergrössert. Das übrige Gebiet wurde zum ager publicus gemacht und zu regelmässigen Abgaben verpflichtet, aber in dreifacher Weise verwendet. Auf einem Teil des Landes wurden 6000 römische Bürger angesiedelt, so dass ihnen die Äcker viritim assigniert wurden; ein zweiter Teil des Gebietes wurde an Privatleute verkauft und diese wurden durch Zusammenkauf grösserer Komplexe die Urheber der Latifundienbildung. Ein dritter Teil endlich blieb Staatsdomäne. In der oben besprochenen Stelle Frontins finden wir das afrikanische Gebiet unter respublicae, privati und Caesar geteilt. Die „respublicae" sind offenbar dasselbe, was civitates liberae, welche sich im Laufe der Zeit von 7 bis 30 an Zahl gesteigert hatten. Staatsdomäne ist, was Besitztum Cäsars genannt wird. Mithin scheint das Gebiet, welches ursprünglich teils in Losen an 6000 Bürger abgegeben, teils an Privatleute verkauft worden war, abgesehen von den später noch den civitates liberae zugefallenen Parzellen, vollständig in die Hände römischer Spekulanten und Kapitalisten übergegangen zu sein. Jedenfalls hat nun jede dieser Gattungen von Grundbesitz eine heterogene Entwicklung durchgemacht, da sich die ganz verschiedenartigen Besitzer zur Bebauung ihrer

---

[1]) Herausgegeben von Rudorff „Das Ackergesetz des Sp. Thorius" in der Zeitschr. f. geschichtl. Rechtswissensch., Bd. 10 u. Mommsen C. J. L. I p. 75 u. 200. [2]) R. St. V. I 315 ff.

Ländereien auch verschiedener Elemente bedienen mussten. So war z. B. die Domäne Cäsars wahrscheinlich wie in allen übrigen Provinzen verpachtet, anfänglich alle 5 Jahre, später seltener, so dass manchmal Erbpächter vorkamen. Aber diese waren wiederum freie Pächter und unterschieden sich wesentlich von dem vom Grundstücke nicht trennbaren coloni.[1])

Man dürfte also, vorausgesetzt, dass Frontins Worte die Existenz des Kolonats beweisen würden — was wir bestritten haben —, diesen nicht in ganz Afrika, sondern nur in einem Teile dieser Provinz suchen.

Und wäre denn thatsächlich das Bestehen des Kolonats für einen Teil Afrikas festgestellt, so wäre damit noch nicht erklärt, wie aus diesem auf die Initiative Privater hin entstandene Institute die rechtliche Bindung im ganzen römischen Reiche hervorgegangen wäre. Sogar die verschiedenen Getreideprovinzen unter sich waren in ihrer agrarischen Entwicklung ganz verschiedenen Einflüssen unterworfen. So weicht Ägypten in dieser Hinsicht ganz und gar von der Provinz Afrika ab. In dieser herrschte — Heisterbergk gibt dies vollkommen zu — bei der Einrichtung der Provinz die Umgestaltung vor; Ägypten suchte man möglichst wenig anzutasten, was uns zur Annahme berechtigt, dass hier die Bodenkultur sich im ganzen auch nach der Einverleibung Ägyptens in ähnlichen Bahnen bewegte, wie früher. Rudorffs Annahme eines vorrömischen Bestehens des Kolonats mussten wir oben entgegentreten. Heisterbergk sucht auf anderem Wege denselben Beweis zu erbringen wie Rudorff, indem er die von Varro[2]) erwähnten Schuldknechte (obaerati) freien Standes in Ägypten, Asien und Illyrien zu Hilfe nimmt. Es ist aber gewagt, die Schuldknechte mit der Institution des Kolonats in Verbindung zu bringen, weil im Verhältnis zu der Dichtheit der Bevölkerung Ägyptens jene keinen so bedeutenden Teil der arbeitenden Bevölkerung ausgemacht haben können, dass sie mit der von Herodot[3]) erwähnten Ackerbaukaste (γε-

---

[1]) Vgl. Marquardt R. St. V. II S. 251 A. 1. [2]) Varro, De r. r. I 17, 2.
[3]) Herodot II 178.

ωργοί) zusammengeworfen werden dürfen. Andererseits möchten wir auch gerade die für Ägypten bezeugte Zersplitterung des ländlichen Grundbesitzes[1]) als der Kolonatsbildung nicht günstig ansehen, da letztere ihren Stützpunkt im Grossgrundbesitze fand. Mit den bisher angeführten Argumenten wird sich also diese Hypothese nicht halten lassen.

Heisterbergk überträgt seine Theorie auch auf die übrigen Provinzen, indem er sagt, dass infolge seines Ursprunges aus der Steuerpflichtigkeit des Provinzialbodens eine stärkere oder schwächere Ausbildung des Kolonats in allen Provinzen vorausgesetzt werden müsse. Wir können dieser Anschauung deshalb nicht beipflichten, weil das Vorhandensein derjenigen Umstände, welche auch bei den Getreideprovinzen zu der Steuerpflichtigkeit des Bodens hinzutreten mussten, um die Aufstellung der Heisterbergkschen Theorie zu ermöglichen, z. B. Naturalsteuerabgabe, entsprechende Dichte der Bevölkerung u. a., für alle Provinzen nicht im entferntesten sich nachweisen lässt. Bis zum Erscheinen der das ganze Reich bindenden Kolonatsgesetze dürfte in dieser Hinsicht kaum ein gleiches Vorgehen oder eine allgemeine Übereinstimmung in den Provinzen sowie in Italien anzunehmen sein.

Ziehen wir aus allen diesen Erwägungen die Summe, so gelangen wir zu dem Resultate, dass Heisterbergks Untersuchung zwar mit strenger Methode geführt und reich an geistreichen Hypothesen ist, aber trotzdem die Lösung der schwierigen Frage nicht herbeigeführt hat.

Die letzte den Kolonat betreffende Abhandlung hat Pauffin veröffentlicht, auf welche wir schon oben bei der Erklärung des Rechtsverhältnisses der Kolonen bezug nehmen mussten. In dem anderen Teile seiner Untersuchung verbreitet er sich über die Entstehungsgeschichte dieser Institution. Von der Erkenntnis geleitet, dass durch die Kolonatsgesetzgebung nur für längst bestehende Zustände eine gesetzliche Bindung erfolgte, leitet er die Entstehung des Kolonats aus mehreren Ursachen ab, sowohl aus

---

[1]) Vgl. Heisterbergk S. 126.

der Gestattung eines Pekuliums für den Haussklaven, als auch aus der Verschuldung freier Arbeiter. Sodann hätten sich dazu die germanischen Ansiedlungen gesellt, wobei man mehr Gewicht auf die Übersiedlung einzelner kleiner Abteilungen als auf Massenniederlassungen zu legen habe. Endlich sei eine weitere Quelle durch die römische Eroberung in Gallien, Illyricum, Thrakien und Palästina erschlossen worden, indem die alten Besitzer als Lohnarbeiter auf ihrem ehemaligen Eigentum belassen und bald in eine Art Abhängigkeitsverhältnis zu Grund und Boden gebracht worden seien.[1]

Die Kritik über dieses Werk möge mit der nunmehr folgenden Darlegung unserer eigenen Ansicht verflochten werden!

Forschen wir vor allem nach den ältesten uns überkommenen Spuren von Verhältnissen im römischen Reiche, welche dem Kolonate eigentümliche Merkmale bieten, um zu erkennen, inwieweit diese denen des Kolonats in ihrer Gesamtheit ähnlich oder gleich sind!

Die coloni, welche uns bei Cato, Varro und Columella begegnen, sind freie Pächter, welche nach Ablauf der fixierten Pachtzeit das Gut wieder verlassen können. Das nämliche gilt von dem schlichten, genügsamen Ofellus, über welchen uns Horaz[2] berichtet, dass derselbe durch die Proskriptionen sein Besitztum verloren hatte und hierauf als „mercede colonus" — wohl eine Ausnahme von der Regel — die früher ihm gehörigen Grundstücke bebaute.

Inwieferne ein Brief des Plinius[3] in betracht kommt, lässt sich bei dem schwankenden Texte erst entscheiden, wenn die Lesart gesichert scheint. Keil schreibt in seiner Ausgabe:[4] Sunt ergo instruendi eo pluris quod frugi mancipiis: nam nec ipse

---

[1] Vgl. die nähere Inhaltsangabe im Bursian-Müllerschen Jahresbericht über d. Fortschr. d. klass. Altertwschf. 16. Jahrg. 1888 Neue Folge. 8. Jahrg. 1. Heft. [2] Horaz, Sat. II 2, 112 ff. [3] Plinius, epist. III 19 § 7. [4] Teubner, Lips. 1881,

unquam vinctos habeo nec ibi quisquam. Mit dieser Lesart weicht Keil von allen neueren Herausgebern der Plinianischen Briefe ab, stimmt dagegen mit der editio Romana (1474?) überein und hat damit das Richtige getroffen.[1])

---

[1]) Auch die editio Aldina (1508) bietet mancipiis. Gruter (1611) bringt complures frugi mancipes. Gierig (1800) und Schäfer (1805) ebenso wie Gruter. M. Döring (1843) eo pluris, quod frugi mancipes. Unter den anderen Gelehrten hielt Gesner und in unserem Jahrhundert Giraud (a. a. O. p. 165) an der Lesart mancipes fest, und sie sprachen sich dahin aus, dass diese mancipes sich in einer ähnlichen Stellung befanden, wie die späteren coloni. Mit welcher Berechtigung gehen diese Gelehrten von der Lesart mancipes aus? Der cod. Laurent. (Med.), eine der vollständigsten und ältesten Handschriften für die Briefe des Plinius, weist übereinstimmend mit anderen weniger massgebenden Codices (cod. Riccard., jetzt verschollen, Bong., Ox., Helmst. und Arnz.) eo plures, quod frugi, mancipiis auf; d. h. es sind umsomehr coloni mit mancipia auszustatten, als sie tüchtige Leute sind; denn vincti habe weder ich irgendwo, noch ist dort (auf dem Gute nämlich, welches Plinius kaufen will) einer. Unverständlich bleibt bei dieser Lesart, warum Plinius plures, mehr coloni, als bisher auf dem Gute waren, ausstatten will. Denn dass auf demselben, auf welchem demnach Parzellenwirtschaft getrieben wurde, zu wenig coloni waren, geht aus der Stelle nicht hervor, und es ist auch bei der „penuria colonorum" nicht wahrscheinlich, dass er noch mehrere zur Pachtung heranziehen wollte. Es handelte sich darum, den „imbecillis cultoribus," d. h. den mittellosen Bebauern, welche das fragliche Gut bisher im Pachte hatten, unter die Arme zu greifen. Dies konnte dadurch geschehen, dass man die pignora der Kolonen, welche vom Herrn wiederholt verkauft worden waren, ersetzte und den coloni nunmehr mancipia beigab, die ihnen als Knechte bei der Arbeit behilflich sein mussten. Plures passt also nicht in den Text.

Die editio Romana (ebenfalls auf einer alten Handschrift beruhend, von Pomponius Laetus wiederholt (1490), mit Benützung des cod. Vaticanus, der nur die 4 ersten Bücher enthält, aber für diese den Vorzug vor dem Laur. verdient, also für unsere Stelle massgebend sein könnte), hat den Text: eo pluris, quod frugi, mancipiis. Pluris scheint sehr gut zu passen, da wir alsdann den Gedanken erhalten: Ich muss den Kolonen eine genügende Anzahl von mancipia beigeben, und zwar mit um so grösseren materiellen Opfern meinerseits, als jene ja tüchtige Bebauer sind. Es schliesst sich dann die folgende Begründung gut an; mit mancipia werden sie ausgestattet: vincti, die schlimmer behandelten Feldsklaven beim Grossbetrieb, hat er auf seinen

Nachdem hier von mancipia, nicht von mancipes die Rede ist, können wenigstens unter diesen nicht Kolonen verstanden sein. Denn sie sind Sklaven, Untergebene der coloni. Giraud[1]) ist auch geneigt, selbst die Pächter, welche uns noch in epist. IX 37 erscheinen und offenbar auf gleicher Stufe stehen wie die coloni der eben behandelten Stelle, den Kolonen der Gesetzgebung gleichzustellen, mit der Motivierung, dass Plinius gar nicht daran denke, sie zu entlassen, obwohl dieses das beste Mittel sei, das in einem der dort besprochenen Lage ähnlichen Falle angewendet werden könne. Auch Pauffins Ansicht geht dahin,[2]) dass wir es bei den von Plinius angeführten coloni schon mit den an die Scholle gebundenen freien Pächtern zu thun haben. Er leitet die Entstehung eines freien Kolonats aus der Verschuldung der auf einem Grundstücke zurückbehaltenen Pächter ab und verlegt diese schon in die Zeiten der Republik. Zur Unterstützung dieser Behauptung weist er unter anderem auch auf die Briefe des Plinius hin. Mit Unrecht! Denn wenn Plinius sagt[3]): praesertim cum me necessitas locandorum praediorum plures annos ordinatura detineat (auf 5 Jahre, wie das folgende priore lustro andeutet), so geht hieraus, wie aus der Bemerkung: Instat et necessitas agrorum locandorum perquam molesta; adeo rarum est invenire idoneos conductores[4]) hervor, dass die Verpachtung auf eine bestimmte Zeit erfolgte und nach deren Ablauf nicht bloss, wie Pauffin meint, eine Einigung mit den alten Pächtern angestrebt, sondern neue geeignete Pächter an ihrer Stelle gesucht wurden. Dies hinderte nicht die von Plinius geplante Änderung von Geld- in Naturalpacht. Auch jenes „desperant posse persolvi; rapiunt etiam consumuntque quod natum est, ut qui iam

---

Gütern nicht mehr. Da die einzelnen Begriffe und Ausdrücke und somit der Sinn der ganzen Stelle nicht immer richtig erfasst wurde, so stellten sich auch Emendationsversuche ein, welche sich jedoch als unnötig einer weiteren Besprechung entziehen. Es war ja leicht möglich, dass für mancipiis die alte, seltenere Form des Nominativs mancipis und hiefür mancipes in den Text kam.

[1]) Giraud a. a. O. [2]) a. a. O. S. 13 ff. [3]) IX 37. [4]) Ep. VII 30, 3.

putent se non sibi parcere"[1]) dürfte darauf deuten, dass sie nach Ablauf ihrer Pachtzeit frei das Gut verlassen konnten. Rodbertus' Annahme,[2]) dass man unter coloni hier eher Sklavenkolonen als freie zu verstehen habe, ist um dessentwillen nicht gerechtfertigt, weil ein Mangel an geeigneten Sklavenkolonen (penuria colonorum) bei dem Besitzer so ausgedehnter Güter und einer so grossen Sklavenfamilie, wie Plinius, sich kaum fühlbar gemacht hätte. Er hätte sicherlich aus seiner Familie Leute finden können, welche, dieser Bevorzugung sich bewusst und von der Hoffnung getragen, ihr Pekulium zu vergrössern, mit Freude eine solche Stellung übernommen hätten.

Wir gelangen demnach auf grund dieser Erörterung zu dem sehr wichtigen negativen Ergebnis: **Plinius hat den Kolonat noch nicht gekannt;** sonst müsste in seinen Briefen, in welchen wiederholt die lästige Verpachtung von Grundstücken Gegenstand der Mitteilung ist, ohne allen Zweifel der Kolonat eine unzweideutige Erwähnung gefunden haben.

Desgleichen glaubt Giraud in einer Stelle bei Tacitus[3]) die Spur des Kolonats zu finden. Sie lautet: .... Servis non in nostrum morem descriptis per familiam ministeriis utuntur . . . . frumenti modum dominus aut pecoris aut vestis **ut colono** iniungit, et servus hactenus paret. Es lässt sich jedoch unseres Erachtens hieraus kein Anhaltspunkt gewinnen, der für den eigentlichen Kolonat sprechen würde; ebensogut kann der temporäre Pächter gemeint sein, wobei die Vergleichung eines **Sklaven** der Germanen mit einem **freien** römischen Pächter nicht befremden dürfte, zumal Leute dieser Art vielfach in ärmlichen, niedrigen Verhältnissen lebten. Der Vermutung Wallons,[4]) unter diesem colonus sei der servus rusticus zu verstehen, vermögen wir deshalb nicht beizupflichten, weil aus dem Ausdruck „et servus hactenus paret" deutlich der Gegensatz zu den römischen Verhältnissen, wo eben zu Tacitus' Zeit der colonus **nicht** Sklave war, sich erkennen lässt.

---

[1]) IX 30, 2. [2]) a. a. O. S. 225 f. [3]) Tacitus, German. 25. [4]) Wallon a. a. O. p. 278.

Die früheste Notiz über das Gebundensein der arbeitenden Klasse an das Grundstück, welche sich in den Digesten[1]) findet, lautet: Si (quis) inquilinos sine praediis quibus adhaerent legaverit, inutile est legatum. Sed an aestimatio debeatur, ex voluntate defuncti statuendum esse divi Marcus et Commodus rescripserunt. Welche Gattung von Leuten, Freie oder Sklaven, haben aber die beiden Kaiser unter inquilini verstanden? Die Frage ist bisher verschieden beantwortet worden. Vergleichen wir, welche Bedeutung das Wort inquilinus in früherer und späterer Zeit bei Juristen und Nichtjuristen gehabt hat! Wir beginnen mit der späteren Periode, da wir aus dieser klare Zeugnisse haben. In der Mitte des fünften Jahrhunderts klagt der gallische Presbyter Salvianus,[2]) der grelle Schilderungen über die sittliche Zerfahrenheit seiner Zeit entwirft, bitterlich darüber, dass verarmte Freie sich unter das Joch inquilinischer Ansiedlung begeben (iugo inquilinae adiectionis addixisse) und nun als „quasi servi" zu Kolonen der Reichen werden. Ergibt sich schon hieraus die Gebundenheit der Inquilinen an das Grundstück, so wird die Stellung derselben als jener der Kolonen ähnlich gekennzeichnet durch folgenden Erlass der Kaiser Honorius und Arcadius: Definimus, ut inter inquilinos colonosve (quorum quantum ad originem pertinet vindicandam, indiscreta eadem paene videtur esse condicio, licet sit discrimen in nomine) suscepti liberi vel utroque vel neutro parente censito statum paternae condicionis agnoscant.[3]) Die Ähnlichkeit der Stellung von Inquilinen und Kolonen erhellt ferner aus dem längstens um das Jahr 375 erschienenen Erlasse der Kaiser Valentinian (I.), Valens und Gratian: Omnes omnino fugitivos adscripticios, colonos vel inquilinos sine ullo sexus, muneris condicionisque discrimine ad antiquos penates, ubi censiti atque educati natique sunt, provinciis praesidentes redire compellant.[4]) Wie in den beiden Kodexstellen die Ausdrücke „vel utroque vel neutro parente censito" und „condicionisque" be-

---

[1]) Dig. 30, 1, 112 pr. Marcian. [2]) Salvianus, De gubernat. dei V 8, 9. [3]) Cod. Iust. 11, 47, 13. [4]) Cod. Iust. 11, 47, 6.

weisen, war selbst in der Zeit des entwickelten Kolonats innerhalb des Inquilinats eine melior und eine deterior condicio zu erkennen. Über den Unterschied der Bedeutung von inquilinus und colonus aber gilt wahrscheinlich für später nicht mehr in dem Masse wie für die frühere Zeit, was in den Digesten angedeutet ist: Convenit, ut is qui hypothecam dedisset, pro colono in agro, in aedibus autem pro inquilino sit,[1]) wo also dem Kolonen ursprünglich die Feldarbeiten, dem Inquilinen die verschiedenen häuslichen Geschäfte oblagen. Dieser Unterschied scheint sich in späterer Zeit mehr und mehr ausgeglichen zu haben.

Ganz anders als im cod. Theodos. und cod. Iust. erscheint uns der Stand inquilini in den Digesten, welche uns in die frühere Kaiserzeit zurückführen. Hier erscheint der inquilinus wie der colonus fast immer zweifellos als freier Mieter oder Pächter, der nach Ablauf seiner (häufig 5jährigen) Pachtzeit nach Belieben wandern oder den alten Kontrakt erneuern kann. Darauf deuten z. B. in einer Rechtsentscheidung des Paulus, worin von coloni und inquilini gehandelt wird, die Worte: nam et qui expulsus a conductione in aliam se coloniam contulit,[2]) eine Erklärung, die sich doch nicht auf Sklaven beziehen lässt und Rodbertus' Ansicht widerlegt, der in den inquilini der Digesten nur Sklaven erkennen möchte. Die coloni und inquilini werden ausdrücklich von den ebenfalls pachtenden servi (hierüber unten!) unterschieden, wenn es heisst: Et per colonos et inquilinos aut servos nostros possidemus. Et si moriantur aut furere incipiant aut alii locent, intellegimur nos retinere possessionem.[3]) Das Folgende: Nec inter colonum et servum nostrum per quem possessionem retinemus quicquam interest bezieht sich natürlich auf das Verhältnis der possessio in beiden Fällen, nicht auf die Gleichheit des Standes von coloni, inquilini und servi.[4])

Anders steht es um obige Stelle: Si (quis) inquilinos sine

---

[1]) Dig. 41, 2, 37 Marcian. [2]) Dig. 19, 2, 24 § 4. [3]) Dig. 41, 2, 25 § 1 Pompon. [4]) Vgl. ausserdem: Dig. 41, 3, 31 § 3 Paul.; ebend. 43, 16, 20 Labeo; 17, 3, § 3 Ulp. u. 26, 6 § 2 Ulp. u. a.

praediis quibus adhaerent legaverit, inutile est legatum. Pauffin hält diese inquilini für Freie, und zwar obaerati, welche wegen der Pachtrückstände, welche sie dem Herrn des Gutes schuldeten, an dasselbe gebunden gewesen seien.[1]) Wir glauben aber, dass es nicht angezeigt sei anzunehmen, man sei in einer Zeit, in welcher gerade auf diesem Gebiete so grosse Fortschritte in der Humanität gemacht wurden, wieder auf eine Einrichtung zurückgekommen, welche mit der abgeschafften Schuldknechtschaft so nahe verwandt war. Übrigens konnten freie Leute nach römischen Rechtsbegriffen nicht Gegenstand eines Legates sein. Es wird auch niemand eingefallen sein, mit einem persönlich Freien ein Vermächtnis zu machen, da man ja nicht wissen konnte, ob jener nicht, bis das Legat in Kraft treten konnte, seinen Verpflichtungen nachgekommen war, wodurch die ganze Absicht des Testators vereitelt worden wäre. Ausserdem findet sich das Reskript in den Digesten an einer Stelle, wo im Folgenden nur von Sklaven gesprochen wird. Wir haben also wohl hier unter inquilini Sklaven zu verstehen und kommen zu dem Schlusse: Um die Zeit Mark-Aurels gab es freie, nicht zeitlebens an das Gut, resp. Grundstück gefesselte inquilini und coloni, **daneben zugleich aber auch sklavische inquilini**, deren Haften am Grundstücke damals bereits eine bekannte Thatsache war.

Aber weshalb werden diese Sklaven inquilini genannt? Offenbar müssen sie mit den anderen, freien inquilini jener Zeit einen Berührungspunkt gehabt haben, und wo sollte man ihn eher suchen als in der **Art ihrer Beschäftigung**? Aber die blosse Etymologie des Wortes (zusammenhängend mit incola, gr. ἔνοικος, d. Instleute) gibt uns keinen genügenden Aufschluss. Wenn nämlich Rodbertus diese inquilini für gewöhnliche Arbeitssklaven hält, die zum instrumentum vocale gehörten und in Adhäsion zum Gute standen, so fragen wir, warum uns, nachdem die Zugehörigkeit des Sklaven zum instrumentum vocale schon Varro kennt,[2]) diese inquilini nicht schon lange vor Mark-Aurel begegnen. Man hätte, da schon seit Augustus dem Sinken der Landwirtschaft

---

[1]) S. 18 a. a. O. [2]) De re rust. I 17.

entgegengearbeitet wurde, diese Konsequenz früher ziehen und die Bezeichnungen inquilini und coloni gleichmässig auf die Sklaven ausdehnen müssen. Davon finden sich aber in den überlieferten Quellen keine Spuren. Anders stellt sich das Verhältnis, wenn wir, entsprechend den freien coloni und inquilini, die inquilini unserer Stelle auf solche Sklaven beziehen, welche Grundparzellen ihrer Herrn in Pacht hatten.

Dass derartige Sklavenpachten wirklich vorkamen, ist aus den Pandekten ersichtlich. Quaeritur, heisst es dort,[1]) an servus qui quasi colonus in agro erat instrumento legato contineatur. Et Labeo et Pegasus recte negaverunt. In demselben Titel[2]) wird von einem villicus gesprochen, der nicht als Pächter, sondern als gewöhnlicher zum instrumentum gehöriger Sklave auf einem Gute war (si non pensionis certa quantitate, sed fide dominica coleretur), woraus der Schluss auf die Möglichkeit, dass ein sklavischer villicus auch Pächter sein kann, berechtigt ist. Unter Trajan kommt auch ein villicus als Pächter in den Porphyrgruben Ägyptens vor: Ἐπαφρόδιτος δοῦλος Σειγηριανός, μισθωτὴς τῶν μετάλλων.[3]) Die nämliche Stellung bekleidete ein Sklave „qui annuam mercedem praestabat."[4])

Aus der ersten der angeführten Stellen erhellt, dass Pachtungen durch Sklaven schon in der Zeit des Juristen Labeo, der ein Zeitgenosse des Augustus war, vorkamen. Die Fälle dieser Art haben sich aber mit dem in der Kaiserzeit sichtbaren Fortschreiten der Humanität gegen Sklaven gemehrt und wir gehen soweit, zu behaupten, dass sie seit der ersten Hälfte des zweiten Jahrhunderts v. Chr. eine weitgehende Ausdehnung gewinnen mussten. Welche Beweispunkte bieten sich für diese Annahme?

Wir haben oben bei der Besprechung der Heisterbergkschen Abhandlung mehrere Belege dafür beigebracht, dass um die Zeit des Plinius das freie Pächtersystem sich eingebürgert hatte. Analog dieser Erscheinung ist auch bald darauf ein Umschwung

---

[1]) Dig. 33, 7, 12 § 3 Ulp. [2]) l. 18 § 4. [3]) C. J. Gr. n. 4713 f. [4]) Dig. 33, 7, 19; vgl. ebenda l. 20 § 1 u. Dig. 41, 2, 25.

in der Bewirtschaftung der Grundstücke durch Sklaven eingetreten. Was nämlich bisher einzelne edler denkende römische Herren ihren Sklaven aus freiem Antriebe gewährt hatten, dazu veranlasste der Kaiser Hadrian die Gesamtheit der Grundbesitzer Italiens und des Reiches überhaupt. Der Schriftsteller Spartian hat uns über Hadrian die schon oben angeführte kurze Notiz überliefert: Ergastula servorum ac liberorum tulit.[1]) Freilich ist der Text der Stelle unsicher; dennoch lässt sich wenigstens das eine mit Bestimmtheit erkennen, dass Kaiser Hadrian es war, welcher die ergastula aufhob. Aus Columella[2]) ergibt sich, dass neben den servi soluti auch die servi vincti zum Arbeiterbestand auf den Landgütern der römischen Grundbesitzer gehörten. Diese vincti waren teils solche Sklaven, welche zuvor in der Stadt ihrem Herrn gedient hatten, aber wegen irgend eines Vergehens zum härteren Feldbau verurteilt waren,[3]) teils solche, welche ständig zum Ackerbau verwendet wurden und deshalb, weil sie sich als schlimme Elemente erwiesen, von denen man nur Anstiftung von Sklavenunruhen oder mindestens das Entlaufen zu befürchten hatte, mit compes (Fussschelle), collare (Halseisen), manicae (Handschellen) oder catulus (catellus, sc. canis, einer nicht näher bekannten Art) gefesselt und in den sogenannten ergastula verwahrt waren. Diese Klasse von Sklaven war aber nicht etwa schwachbesetzt, nein, ein ganz beträchtlicher Teil der ländlichen Sklavenfamilie hatte unter diesem harten Lose zu schmachten.[4])

---

[1]) Hadr. 17; so liest Peter, frühere Ausgaben hatten die Lesart libertorum und [sus]tulit. [2]) Columella, I 8 a. a. O. [3]) Vgl. Hor. sat. II 7, 117 f. [4]) Martial epigr. IX 22:

    Credis ob haec me, Pastor, opes fortasse rogare,
      Propter quae vulgus crassaque turba rogat,
    Ut Setina meos consumat gleba ligones
      Et sonet innumera compede Tuscus ager.

  Plin. H. N. 18, 3, 4: Nachdem Plinius darauf hingewiesen, dass in der guten, alten Zeit Männer wie Cincinnatus ihre Felder selbst bestellten, fährt er fort: At nunc eadem illa vincti pedes, damnatae manus inscriptique vultus exercent . . . Sed nos miramur ergastulorum non eadem emolumenta esse quae fuerint imperatorum.

Diese seit Jahrhunderten bestehenden schändlichen Anstalten hob Hadrian auf. Wenn es nun auch nicht gelungen ist, alle ergastula vollständig auszurotten,[1]) so musste doch der grösste Teil derselben verschwinden. Dieser Erlass Hadrians war aber ein so gewaltiger Eingriff in das Hergebrachte, dass der weise Kaiser, der aus eigener Anschauung das Leben und die Bedürfnisse seiner Unterthanen kannte, sich kaum zu einem für die römischen Grundbesitzer und die ganze Landwirtschaft so folgenschweren und möglicherweise gefährlichen Schritt entschlossen hätte, wenn nicht gleichzeitig mit einem derartigen Verbot ein weiterer, sogleich näher zu qualifizierender Schritt gemacht worden wäre. Die Verwahrung der Sklaven in den ergastula war allerdings der Missachtung des Sklaven entsprungen; allein sie war, besonders in der Kaiserzeit, keine reine Willkür. Man war gezwungen, sich durch die Fesselung der missvergnügten Elemente unter den ländlichen Sklavenbeständen zu versichern und Ausschreitungen zu verhindern. Wenn nun plötzlich den Grundbesitzern durch kaiserliches Dekret die Erlaubnis zu derartigen freilich harten Schutzmassregeln entzogen wurde, so kamen sie in die missliche Lage, nicht mehr Herr über diejenigen Sklaven zu sein, welche zu Excessen geneigt waren und aus Unzufriedenheit sich ihrem Lose durch die Flucht zu entziehen suchten. Wie sehr war dadurch die Ruhe und Stärke der Sklavenfamilie und Landwirtschaft überhaupt gefährdet! Man könnte einwenden, die Aufhebung der ergastula habe an und für sich die Erbitterung und die Unzufriedenheit der meisten bisher gefesselten Sklaven heben müssen. Mit Unrecht; denn durch die Verordnung war der Grund des Missvergnügens der in den ergastula befindlichen Sklaven nicht behoben. Es musste also, wenn der Erlass nicht geradezu gefährlich werden sollte, zugleich darauf bedacht genommen werden, den Sklaven mit seinem Lose auszusöhnen. Wie aber konnte dies besser geschehen, als durch die Hebung seiner materiellen Lage? Seit dem ersten Jahr-

---

[1]) d'Arnaud, De iure servorum c. 9 p. 53 ff.; Dirksen, Manuale v. ergastulum.

hundert der Kaiserzeit mehrten sich die Fälle, in welchen Sklaven gestattet wurde, eigenes Vermögen unter Aufsicht des Herrn zu erwerben. Dem Ackerbausklaven bot sich aber hiezu in der Regel wenig Gelegenheit. Machte man ihn aber zum Pächter eines Grundstückes, so war er durch Fleiss und Sparsamkeit im stande, dem erpachteten Boden so viel abzugewinnen, dass nach Entrichtung der Pachtquote, sei es nun in natura oder Geld, für ihn selbst noch ein seine Lebensbedürfnisse übersteigender Anteil übrig blieb und die Möglichkeit zu Ersparungen gegeben war. Eine derartige Erleichterung des Sklavenloses halten wir für die Bedingung, an welche die Durchführung des obigen kaiserlichen Erlasses geknüpft war. Da aber vor Beginn des zweiten Jahrhunderts n. Chr. von einer allgemeinen Verbreitung der Sitte, Sklaven zu Pächtern zu machen, nicht die Rede sein kann, so liegt die Annahme nahe, dass entweder Kaiser Hadrian — Spartian hat den Wortlaut der kaiserlichen Verfügung nicht überliefert — den Grundbesitzern ein anderes Vorgehen gegen die armen Landbausklaven zur Pflicht gemacht hat, oder die Possessoren durch den Thatbestand gezwungen wurden, in der angedeuteten Weise die Berufsfreudigkeit der Sklaven zu heben.

Dazu gesellte sich ein anderer Umstand, der nur auf Rechnung des praktischen Bedürfnisses zu setzen ist. War nämlich anfangs die Sklavenpachtung im einzelnen Falle auch nur auf eine bestimmte Zeit fixiert, so ist doch leicht denkbar, dass der Sklave dasselbe Grundstück nach Ablauf der Pachtzeit wieder in Pacht nahm, was sich vom Vater auf Sohn und Enkel fortsetzen konnte, so dass schliesslich auf vielen Gütern eine Art heimischen Pächterstandes sklavischer Gattung sich befand. Damit ist jedoch die adhaesio in juristischem Sinne noch nicht erklärt. Es ist bis jetzt noch immer Sache des Herrn, seinen Sklaven als Pächter auf dem Gute zu behalten oder anderweitig zu verwenden. Da begegnet uns das oben unserer Untersuchung zu grunde gelegte Reskript der Kaiser Mark-Aurel und Commodus (Si quis inquilinos etc.), aus welchem erhellt, dass die Staatsgewalt die Untrennbarkeit des sklavischen Pächters (inquilinus) vom Grundstücke als feststehende Thatsache anerkennt. Rodbertus gesteht nicht zu, dass in dieser Stelle des Marcian notwendig die Adhaesion im späteren Sinne liege, und sucht die Gründe für seine Meinung im Pfandrecht: Verpfändete Sklaven seien, da sich der Hypothekgläubiger das Sklaveninventar gewöhnlich mit verpfänden liess, vom Gute nicht zu trennen gewesen. Dagegen ist einzuwenden, dass die inquilini, welche, wie oben dargethan, Pächter waren und nicht gewöhnliche Arbeitssklaven, nicht zum Inventar eines Gutes gehörten[1]) und sonach auch nicht verpfändet wurden. Wie lässt sich das Zustandekommen der adhaesio erklären? Man wird sie wahrscheinlich auf das Eingreifen der Staatsleitung selbst zurückzuführen haben, worüber freilich bestimmte Überlieferungen fehlen. Vielleicht führen uns auch in dieser Beziehung Spuren auf den Kaiser Hadrian. Eine in Tunis entdeckte Inschrift, welche von den Kolonen des Saltus Burunitanus handelt, gibt einige Aufschlüsse.[2]) Bezieht sich die Inschrift auch nur auf coloni Caesaris, welche nur freie Pächter waren, so berührt sie doch eine lex Hadriana, welche die Pachtverhältnisse betraf.[3]) Man ersieht aus der Inschrift, dass die lex Hadriana sehr umfangreich gewesen sein kann, nachdem sie mehrere „capita" hatte und sehr wohl auch eine Verordnung über Sklavenpacht enthalten haben konnte.

Die Bindung von Sklaven an das Grundstück drückt auch das Wort adscripticius aus, das uns zuerst in einer Verfügung des Kaisers Alexander Severus, also nicht lange nach Mark-Aurel, begegnet: Si invito vel ignorante te partus ancillae vel adscripticiae tuae expositus sit, repetere eum non prohiberis.[4]) Die Zusammenstellung der adscripticia mit der ancilla ist bezeichnend, da hiedurch Ähnlichkeit und Verschiedenheit der beiden Begriffe hervortreten. Unter adscripticii sind, wie Rodbertus[5]) nachweist, nicht adscripti censibus, sondern adscripti praedio

---

[1]) Dig. 33, 7, 12 § 3. [2]) Esmein: Le Saltus Burunitanus, Journal des Savants (1880) p. 686. Fustel de Coulanges: Recherches sur quelques problèmes d'histoire, Paris 1885 p. 33. [3]) Ut Kapite legis Hadrianae quod suprascriptum est ademptum sit ius etiam procuratoribus nedum conductori adversus colonos ampliandi partes agrarias aut operarum proebitionem iugorumve ... [4]) Cod. Iust. 8, 52, 1. [5]) Rodbertus a. a. O. S. 233 f.

zu verstehen. Sie sind noch sklavischer Natur, haben aber, an den Boden gefesselt, die Grundstücke ihres Herrn im Pachte wie die inquilini, von denen sie sich nur durch den Namen unterscheiden.

Ein Vergleich zwischen den gewöhnlichen Ackerbausklaven und den zu Pächtern (coloni) gewordenen Sklaven hinsichtlich ihrer sozialen Stellung muss zweifellos zu gunsten der letzteren ausfallen. Grössere Unabhängigkeit von den Launen und der Willkür des Herrn oder Verwalters, das Bewusstsein, auf dem Gute eine Heimat zu haben, und die Möglichkeit, dem familiären Leben sowie den verwandtschaftlichen Beziehungen ungestörtere Pflege angedeihen zu lassen, bedeuten eine wesentliche Errungenschaft für die bisher den übrigen Sklaven gegenüber soweit zurückstehende ländliche Arbeiterklasse. Das erkennen Rodbertus,[1]) Fustel de Coulanges[2]) und Pauffin[3]) ausdrücklich an. Das Verdienst aber, diese Verbesserungen ins Leben gerufen zu haben, darf Kaiser Hadrian für sich beanspruchen, welcher, mittelbar und unmittelbar durch die Strebungen der Philosophie gefördert, es sich zur Aufgabe machte, den menschlicheren Anschauungen über die Natur des Sklaven in der Praxis des Lebens Geltung zu verschaffen; und dies ist der Berührungspunkt unserer Hauptuntersuchung mit der Geschichte des Kolonats.

Man möchte glauben, dass der nächstliegende Schritt, die Freilasung aller inquilini und adscripticii, verbunden mit der Fesselung an das Grundstück, alsbald erfolgt wäre, zumal die Macht des Christentums im dritten und vierten Jahrhundert sich in einer Weise entfaltete, dass in allen Schichten der Bevölkerung des römischen Reiches sein veredelnder Geist tiefe Wurzeln geschlagen hatte. Aber der Beweis für diese Freilassung lässt sich nicht erbringen. Die despotische Regierung der späteren Kaiserzeit, die, um die abgenützte Staatsmaschine noch leidlich im Gange zu erhalten, einzig und allein darauf be-

---

[1]) Rodbertus a. a. O. S. 235. [2]) Fustel de Coulanges a. a. O. S. 144. [3]) Pauffin a. a. O. S. 64.

dacht war, hohe Steuern der Staatskassa zu sichern, scheint in dieser Hinsicht hindernd im Wege gestanden zu sein. Dem Staate verpflichtete Stände und Genossenschaften, wie die Kurialen, wurden erblich und unauflöslich an ihren Grundbesitz gefesselt. In gleicher Weise können, vermutet Hegel ansprechend,[1]) auch die Arbeiter auf dem Boden, den sie bebauten, festgehalten worden sein. Was vorher nur bei den adscripticii und inquilini der Fall war, wurde auch auf andere Elemente ausgedehnt und alle zu einem Stande verbunden. Im römischen Reiche sich niederlassende Barbaren,[2]) verarmte Freie, welche 30 Jahre ein Grundstück bestellt hatten, wurden in dieses Verhältnis aufgenommen und manche begaben sich freiwillig in dasselbe.[3])

Aber innerhalb dieses aus verschiedenen Elementen zusammengesetzten Standes dauerten Unterschiede noch unter Kaiser Justinian fort. Ausdrücklich wird von Justinian die condicio colonaria von der condicio adscripticia unterschieden (daneben aber auch noch als etwas von beiden Verschiedenes die macula servitutis erwähnt).[4]) Ebenderselbe beantwortet die Anfrage, welcher Unterschied zwischen Sklaven und Adskriptiziern bestehe, folgendermassen: Quae enim differentia inter servos et adscripticios intellegatur, cum uterque in domini sui positus sit potestate, et possit servum cum peculio manumittere et adscripticium cum terra dominio suo expellere?[5]) Aus dieser Stelle, an welcher servus übrigens nicht den Ackerbausklaven bedeutet (— ein Erlass des Kaisers Valentinian I. hatte die Fesselung ans Grundstück auf alle sklavischen, beim Landbau beschäftigten Arbeiter, also auch wenn sie nicht Pächter waren, ausgedehnt[6]) —), geht hervor, dsss man im Zeitalter Justinians

---

[1]) Gesch. der Städteverf. Italiens I S. 79 f.; siehe oben. [2]) Unter Claudius II., vgl. Trebell. Poll. Claud. 9; unter Aurelian: Vopisc. Aurel. 48; unter Diocletian u. Maximian: Eutropius IX 25; unter Constantius Chlorus: Panegyr. V 1, 24, ed. Baehrens; unter Probus: Vopisc. Prob. 14 f.; unter Constantius II. u. Julianus: Ammian. Marc. XIX 11, 6; XX 4, 1; unter Theodosius und Honorius: cod. Theod., ed. Haenel 5, 4, 3. [3]) Cod. Iust. 11, 47, 18; Salvian a. a. O. [4]) Cod. Iust. 8, 52, 3. [5]) Cod. Iust. 11, 47, 21. [6]) Vgl. cod. Iust. 11, 47, 7.

an eine Manumission eines Adskriptiziers nicht dachte. Der Herr konnte sich zwar seiner potestas über ihn begeben, wenn er zugleich auf das von jenem bebaute Grundstück verzichtete; dass der adscripticius dadurch frei ward, ist nicht gesagt und auch nicht anzunehmen. Denn eine im nämlichen Kodextitel[1]) enthaltene, die Adskriptizier betreffende Entschliessung Justinians betont, dass ebensowenig, als einer der Kurialen von seiner Stellung entbunden werden könne, ein Adskriptizier die Freiheit beanspruchen dürfe, sondern er müsse adscripticius bleiben und hafte am Grundstücke (remaneat adscripticius et inhaereat terrae); die Möglichkeit der Freilassung sei bei ihm völlig ausgeschlossen (nulla liberatione ei penitus competente). Die Adskriptizier dürften es auch gewesen sein, zu welchen die Nachkommen jener Tausende von Sklaven ihr Kontingent stellten, welche einstmals aus gewöhnlichen Feldsklaven Pächter geworden waren. Wenn nun der Adskriptizier einerseits vom Sklaven unterschieden, andererseits dessen Freilassung als unmöglich bezeichnet wird, welchem Stande gehörte er an? Die späteren Kaiser betrachteten ihn als ein Mittelding zwischen einem Sklaven und Freien, das, aller Ehrenrechte thatsächlich bar, dem Despotismus ungefährlich war und dazu beitrug, die Kassen des Staates zu füllen. Ein dritter Stand war so neben Freien und Sklaven geschaffen und Rodbertus sagt mit Unrecht, dass auch der spätere Adskriptizier Sklave war; man sah in ihm nicht den Sklaven, sondern den unentbehrlichen Ackerbauern. Dieser Zustand überdauerte das römische Reich. Erst das Übergewicht des germanischen Elementes und der mächtige Einfluss der Kirche schufen im Laufe der Jahrhunderte aus Kolonen und Adskriptiziern den Hörigenstand des Mittelalters.

Hat sich das Bestehen zweier wesentlich verschiedenen Klassen von Kolonen auch nach der gesetzlichen Regelung dieses Standes ergeben, so erübrigt nur noch, in nichtjuristischen Quellen nachzuforschen, ob sich nicht Spuren von freien Kolonen in späterem Sinne vor Diocletian entdecken lassen.

---

[1]) l. 23.

Bei Capitolinus ist überliefert, dass Mark-Aurel, nachdem er die Markomannnen das erste Mal besiegt hatte, eine grosse Anzahl derselben in Italien ansiedelte.[1]) Auch aus Cassius Dio[2]) erfahren wir, dass Marcus Aurelius barbarische Kolonisten nach Italien verpflanzte, zugleich aber auch, dass er mit ihnen, nachdem er sie um Ravenna angesiedelt hatte, schlimme Erfahrungen machte. Es ist sehr wahrscheinlich, dass diesen Leuten ein bestimmter Grund und Boden zur Bebauung übergeben und zur Pflicht gemacht wurde, ständig auf dem Orte der Ansiedlung zu bleiben, was sich in Italien leichter überwachen liess als in weit entfernten Provinzen. Denn wenn man ihnen das Wandern gestattet hätte, so wäre der Zweck der Massregel verfehlt gewesen. Vergleichen wir hiemit noch eine Notiz von Capitolinus:[3]) Aequitatem autem etiam circa captos hostes custodivit. Infinitos ex gentibus in Romano solo collocavit! Wir halten den zweiten Satz für eine Erklärung und Begründung des ersten: die aequitas gegen Kriegsgefangene bestand darin, dass er sie nicht, wie bis dahin gewöhnlich geschehen war, zu Sklaven machte, sondern sie auf römischem Boden ansiedelte und dabei ihre Familienbande respektierte. Sie hatten jedenfalls das Recht, eigenes Vermögen zu erwerben und mussten eine Abgabe an den Staat entrichten, Merkmale, welche sich im Kolonate der späteren Gesetzgebung wiederfinden und ein Seitenstück zu dem damals schon bestehenden Sklavenkolonate waren. Hatte auch Mark-Aurel anfangs mit dieser Einrichtung kein Glück, so war doch hiemit wenigstens ein Anfang geschaffen und es konnten ähnliche Beispiele folgen, sowohl in Massenansiedlungen als in Form von Einzelniederlassungen eingewanderter Barbaren.

Ein anderes Zeugnis bedarf ebenfalls der Würdigung. Die tabula alimentaria, vom Grafen Antonelli zu Terracina gefunden und von Bart. Borghesi veröffentlicht,[4]) handelt von

---

[1]) Capit. Marc. Aurel. phil. 22. Magno igitur labore etiam suo gentes asperrimas vicit . . . acceptique in deditionem, plurimis in Italiam traductis.
[2]) Cassius Dio 71, 11 ap. Xiphil. [3]) Capitolinus a. a. O. c. 24. [4]) Bulletino dell' instituto di corrispondenza archeol. Jahrg. 1835. H. X u. XI p. 153.

einem Testamente, welches eine gewisse Cloelia Macrina zu gunsten von Kolonenkindern des alten Tarracina hinterlassen hatte. Ihr Wortlaut ist folgender:

| CLOELIA. C. F. MACRINA. TESTAMENT. EX. HS. CC. FIERI. JUSSIT. IN. CUIUS. ORNATUM | ET. TUTELAM. HS. RELIQUID. EADEM. IN. ME- MORIAM. MACRI. FILI. SUI. TARRACINENSIBUS | HS. |X|. RELIQUID. UT. EX. REDITU. EIUS. PE- CUNIÆ. DARENTUR. CENTUM. PUERIS. ALIMEN- TORUM. NOMINE. SING. | MENSIB. SING. PUER. COLONIS. XV. PUELLIS. COLONIS. SING. IN. MENS SING. XIII. PUERIS. USQ. AD. ANNOS. XVI. PU- ELLIS. | USQ. AD. ANNOS. XIII. ITA. UT. SEM- PER. C. PUERI. ET. PUELLÆ. (TAR)R. SUCCES- SIONES. ACCIPIANT.

Glaubt Giraud, dass das blosse Verhältnis der Freigebigkeit der Macrina den Kolonenkindern gegenüber zu den spärlichen Schenkungen, welche in den anderen uns erhaltenen tabulae dieser Art sich vorfinden, zum Schlusse auf freie, erbliche Kolonen be- rechtige, so scheint uns auch die Art und Weise der Verteilung an 100 beliebige Kolonenkinder, welche wahrscheinlich der Gemeinde überlassen war, die Annahme, dass man unter diesen Kolonen Sklaven zu verstehen habe, auszuschliessen. Aber auch keine Kinder freier Pächter, welche nach Ablauf der Pachtzeit das Gut wieder frei verlassen konnten, dürften gemeint sein. Dies ist daraus zu schliessen, dass wir in der Inschrift pueris colonis und puellis colonis lesen. Wären freie Pächter gemeint, so wäre wohl geschrieben worden: pueris colonorum und puellis colonorum, da die Kinder selbst ja nicht coloni waren. Es ist hier bereits vom Stande, in den der Knabe oder das Mädchen durch die Geburt eintraten, also vom Kolonat in des Wortes neuem Sinne die Rede. Auch Pauffin bekennt sich[1]) zu dieser

---

[1]) a. a. O. S. 29 f.

Ansicht. ohne Gründe anzugeben. Da die Testierung sich auf 100 Kinder erstreckt, darf diese Erscheinung nicht als unbedeutend gelten. Man könnte noch einwenden, dass diese coloni von Tarracina, einer altrömischen Bürger- und Seekolonie, in welcher jeder der Kolonisten einen Eigenbesitz als heredium erhalten hatte,[1]) als Überrest der alten Bevölkerung angesehen werden könnten. Aber dieser Einwurf dünkt uns unberechtigt, da durch die Erteilung der Civität an alle Italiker (lex Iulia, lex Plautia Papiria) eine vollständige Umwandlung der einschlägigen Verhältnisse Italiens herbeigeführt wurde,[2]) während doch Borghesi die Inschrift nach dem Charakter ihrer Buchstaben in das Zeitalter Trajans setzt, was nicht hindert, dass man ihre Abfassungszeit in die zweite Hälfte des zweiten Jahrhunderts verlegen kann. Woraus aber die coloni der tabula entstanden sind, ist kaum mit Sicherheit zu sagen. Zumpt hat (s. oben) zwar die Möglichkeit der Entstehung von freien Kolonen aus Sklaven bestritten; trotzdem halten wir es nicht für ganz ausgeschlossen, dass Sklaven durch Kompromiss mit ihrem Herrn unter der Bedingung freigelassen wurden, zeitlebens ein bestimmtes Grundstück zu bebauen, wobei es freilich fraglich ist, ob ihre Zusage auch für die Nachkommen bindend war. Im späteren Privatrecht entwickelte sich, wie Mommsen ausführt,[3]) eine Art ökonomischer Belastung des Freigelassenen zum Vorteil des Patrons vermöge eines gewissen Kontraktrechtes, durch welches den freigelassenen Leuten die weitgehendsten Zusagen abgenommen wurden. Ein Gesetz des P. Rutilius Rufus (649 a. u.) trat Ausschreitungen entgegen, dürfte sich jedoch gerade auf die Landwirtschaft, wo Arbeitskräfte nötig waren, weniger bezogen haben. Nimmt man ferner hinzu, dass es im römischen Reiche auch eine Klasse von Leuten gab, welche, obwohl von einem Bürger freigelassen, die Freiheit ohne irgend ein Bürgerrecht hatten, anderseits für den patronus seit der lex Aelia Sentia (4 n. Chr.) eine Rechtspflicht bestand,

---

[1]) Mommsen, R. St. R. III 775 f.; Marquardt, R. St. V. I 38. [2]) Marquardt, R. St. V. IV 62. [3]) R. St. R. III S. 432.

den Freigelassenen zu unterhalten,[1]) so ist die Annahme, dass die Grundbesitzer ihre Sklaven unter der Bedingung freiliessen, dass sie sich eidlich verpflichteten, auf dem Gute zu bleiben, immerhin denkbar. Diese Bindung war allerdings rein privater Natur, kann aber möglicherweise, als der Kolonat gesetzlich fixiert wurde, mit das „soziale Material" für die neuen coloni geliefert haben.

Die Untersuchung über den Kolonat hängt zwar nur teilweise mit dem eigentlichen Thema zusammen. Allein die bisher sehr weit auseinandergehenden Ansichten machten eine eingehende Behandlung seiner Geschichte nötig, wenn dargethan werden sollte, dass auch ehemalige Sklaven ihr Kontingent zu dem schon im zweiten Jahrhundert unserer Zeitrechnung in den besprochenen Beschränkungen auftauchenden Kolonate stellten, und diese Erscheinung neben der Sorge für die Landwirtschaft mitbedingt war durch die von Griechenland herkommende und vorzüglich durch die stoische Philosophie bewirkte Umwandlung der Denkweise des gebildeten Römers über das Wesen und die Natur des Sklaven.

---

[1]) Dig. 38, 2, 33.

Ebenfalls im SEVERUS Verlag erhältlich:

Joseph Mausbach
**Die Ethik des Heiligen Augustinus
Erster Band: Die sittliche Ordnung und ihre Grundlagen**
SEVERUS 2010 / 456 S./ 44,00 Euro
ISBN 978-3-942382-71-7

Der Heilige Augustinus gilt als Schöpfer der theologischen und philosophischen Wissenschaft des christlichen Abendlandes. Hineingeboren in eine unruhige Zeit, stieg er zu einem der bedeutendsten Kirchenlehrer im Römischen Reich auf. Seine theologischen Schriften sind zu einem großen Teil erhalten geblieben und prägen seit der Spätantike das Denken der christlich-westlichen Welt. Die Lehre des Theologen und Philosophen beseelt sowohl protestantische, als auch katholische Kirchen und ist selbst Papst Benedikt XVI die Wiege seiner theologischen Schriften.

Joseph Mausbach bringt als erster ein ausführliches wissenschaftliches Werk heraus, das sich vor allem mit der Ethik des Heiligen Augustinus befasst. Grundlage sind ihm hier die Predigten des Kirchenlehrers. Die entnommenen Zitate finden sich sowohl in einer sorgfältigen Übersetzung, als auch im lateinischen Original wieder. Diese umfassende Darstellung ermöglicht es dem Leser sich ein eigenständiges Urteil zu bilden und eine neue Auffassung des „Kirchenvaters" zu gewinnen.
Der vorliegende Band ist der erste Teil einer zweibändigen Ausgabe. Der zweite Band ist unter der ISBN 978-3-942382-72-4 ebenfalls im Severus Verlag erschienen.

www.severus-verlag.de

Ebenfalls im SEVERUS Verlag erhältlich:

Joseph Mausbach
**Die Ethik des Heiligen Augustinus
Erster Band: Die sittliche Befähigung des Menschen und ihre Verwirklichung**
SEVERUS 2010 / 400 S./ 44,00 Euro
ISBN 978-3-942382-72-4

Der Heilige Augustinus gilt als Schöpfer der theologischen und philosophischen Wissenschaft des christlichen Abendlandes. Hineingeboren in eine unruhige Zeit, stieg er zu einem der bedeutendsten Kirchenlehrer im Römischen Reich auf. Seine theologischen Schriften sind zu einem großen Teil erhalten geblieben und prägen seit der Spätantike das Denken der christlich-westlichen Welt. Die Lehre des Theologen und Philosophen beseelt sowohl protestantische, als auch katholische Kirchen und ist selbst Papst Benedikt XVI die Wiege seiner theologischen Schriften.

Joseph Mausbach bringt als erster ein ausführliches wissenschaftliches Werk heraus, das sich vor allem mit der Ethik des Heiligen Augustinus befasst. Grundlage sind ihm hier die Predigten des Kirchenlehrers. Die entnommenen Zitate finden sich sowohl in einer sorgfältigen Übersetzung, als auch im lateinischen Original wieder. Diese umfassende Darstellung ermöglicht es dem Leser sich ein eigenständiges Urteil zu bilden und eine neue Auffassung des „Kirchenvaters" zu gewinnen.

Der vorliegende Band ist der zweite Teil einer zweibändigen Ausgabe. Der erste Band ist unter der ISBN 978-3942382-71-7 ebenfalls im Severus Verlag erschienen.

www.severus-verlag.de

Bisher im SEVERUS Verlag erschienen:

Achelis. Th. Die Entwicklung der Ehe * **Andreas-Salomé, Lou** Rainer Maria Rilke * **Arenz, Karl** Die Entdeckungsreisen in Nord- und Mittelafrika von Richardson, Overweg, Barth und Vogel * **Aretz, Gertrude (Hrsg)** Napoleon I - Briefe an Frauen * **Ashburn, P.M** The ranks of death. A Medical History of the Conquest of America * **Avenarius, Richard** Kritik der reinen Erfahrung * Kritik der reinen Erfahrung, Zweiter Teil * **Bernstorff, Graf Johann Heinrich** Erinnerungen und Briefe * **Binder, Julius** Grundlegung zur Rechtsphilosophie. Mit einem Extratext zur Rechtsphilosophie Hegels * **Bliedner, Arno** Schiller. Eine pädagogische Studie * **Blümner, Hugo** Fahrendes Volk im Altertum * **Brahm, Otto** Das deutsche Ritterdrama des achtzehnten Jahrhunderts: Studien über Joseph August von Törring, seine Vorgänger und Nachfolger * **Braun, Lily** Lebenssucher * **Braun, Ferdinand** Drahtlose Telegraphie durch Wasser und Luft * **Brunnemann, Karl** Maximilian Robespierre - Ein Lebensbild nach zum Teil noch unbenutzten Quellen * **Büdinger, Max** Don Carlos Haft und Tod insbesondere nach den Auffassungen seiner Familie * **Burkamp, Wilhelm** Wirklichkeit und Sinn. Die objektive Gewordenheit des Sinns in der sinnfreien Wirklichkeit * **Caemmerer, Rudolf Karl Fritz** Die Entwicklung der strategischen Wissenschaft im 19. Jahrhundert * **Cronau, Rudolf** Drei Jahrhunderte deutschen Lebens in Amerika. Eine Geschichte der Deutschen in den Vereinigten Staaten * **Cushing, Harvey** The life of Sir William Osler, Volume 1 * The life of Sir William Osler, Volume 2 * **Dahlke, Paul** Buddhismus als Religion und Moral, Reihe ReligioSus Band IV * **Eckstein, Friedrich** Alte, unnennbare Tage. Erinnerungen aus siebzig Lehr- und Wanderjahren * Erinnerungen an Anton Bruckner * **Eiselsberg, Anton Freiherr von** Lebensweg eines Chirurgen * **Eloesser, Arthur** Thomas Mann - sein Leben und Werk * **Elsenhans, Theodor** Fries und Kant. Ein Beitrag zur Geschichte und zur systematischen Grundlegung der Erkenntnistheorie. * **Engel, Eduard** Shakespeare * Lord Byron. Eine Autobiographie nach Tagebüchern und Briefen. * **Ferenczi, Sandor** Hysterie und Pathoneurosen * **Fichte, Immanuel Hermann** Die Idee der Persönlichkeit und der individuellen Fortdauer * **Fourier, Jean Baptiste Joseph Baron** Die Auflösung der bestimmten Gleichungen * **Frimmel, Theodor von** Beethoven Studien I. Beethovens äußere Erscheinung * Beethoven Studien II. Bausteine zu einer Lebensgeschichte des Meisters * **Fülleborn, Friedrich** Über eine medizinische Studienreise nach Panama, Westindien und den Vereinigten Staaten * **Goette, Alexander** Holbeins Totentanz und seine Vorbilder * **Goldstein, Eugen** Canalstrahlen * **Griesser, Luitpold** Nietzsche und Wagner - neue Beiträge zur Geschichte und Psychologie ihrer Freundschaft * **Hartmann, Franz** Die Medizin des Theophrastus Paracelsus von Hohenheim * **Heller, August** Geschichte der Physik von Aristoteles bis auf die neueste Zeit. Bd. 1: Von Aristoteles bis Galilei * **Helmholtz, Hermann von** Reden und Vorträge, Bd. 1 * Reden und Vorträge, Bd. 2 * **Kalkoff, Paul** Ulrich von Hutten und die Reformation. Eine kritische Geschichte seiner wichtigsten Lebenszeit und der Entscheidungsjahre der Reformation (1517 - 1523), Reihe ReligioSus Band I * **Kautsky, Karl** Terrorismus und Kommunismus: Ein Beitrag zur Naturgeschichte der Revolution * **Kerschensteiner, Georg** Theorie der Bildung * **Krömeke, Franz** Friedrich Wilhelm Sertürner - Entdecker des Morphiums * **Külz, Ludwig** Tropenarzt im afrikanischen Busch * **Leimbach, Karl Alexander** Untersuchungen über die verschiedenen Moralsysteme * **Liliencron, Rochus von / Müllenhoff, Karl** Zur Runenlehre. Zwei Abhandlungen * **Mach, Ernst** Die Principien der Wärmelehre * **Mausbach, Joseph** Die Ethik des heiligen Augustinus. Erster Band: Die sittliche Ordnung und ihre Grundlagen * **Mauthner, Fritz** Die drei Bilder der Welt - ein sprachkritischer Versuch * **Müller, Conrad** Alexander von Humboldt und das Preußische Königshaus. Briefe aus den Jahren 1835-1857 * **Oettingen, Arthur von** Die Schule der Physik * **Ostwald, Wilhelm** Erfinder und Entdecker * **Peters, Carl** Die deutsche Emin-Pascha-Expedition * **Poetter, Friedrich Christoph** Logik * **Popken, Minna** Im Kampf um die Welt des Lichts. Lebenserinnerungen und Bekenntnisse einer Ärztin * **Prutz, Hans** Neue Studien zur Geschichte der Jungfrau von Orléans * **Rank, Otto** Psychoanalytische Beiträge zur Mythenforschung. Gesammelte Studien aus den Jahren 1912 bis

www.severus-verlag.de

1914. * **Rohr, Moritz von** Joseph Fraunhofers Leben, Leistungen und Wirksamkeit * **Rubinstein, Susanna** Ein individualistischer Pessimist: Beitrag zur Würdigung Philipp Mainländers * Eine Trias von Willensmetaphysikern: Populär-philosophische Essays * **Sachs, Eva** Die fünf platonischen Körper: Zur Geschichte der Mathematik und der Elementenlehre Platons und der Pythagoreer * **Scheidemann, Philipp** Memoiren eines Sozialdemokraten, Erster Band * Memoiren eines Sozialdemokraten, Zweiter Band * **Schweitzer, Christoph** Reise nach Java und Ceylon (1675-1682). Reisebeschreibungen von deutschen Beamten und Kriegsleuten im Dienst der niederländischen West- und Ostindischen Kompagnien 1602 - 1797. * **Stein, Heinrich von** Giordano Bruno. Gedanken über seine Lehre und sein Leben * **Strache, Hans** Der Eklektizismus des Antiochus von Askalon * **Thiersch, Hermann** Ludwig I von Bayern und die Georgia Augusta * **Tyndall, John** Die Wärme betrachtet als eine Art der Bewegung, Bd. 1 * Die Wärme betrachtet als eine Art der Bewegung, Bd. 2 * **Virchow, Rudolf** Vier Reden über Leben und Kranksein * **Wecklein, Nikolaus** Textkritische Studien zu den griechischen Tragikern * **Weinhold, Karl** Die heidnische Totenbestattung in Deutschland * **Wernher, Adolf** Die Bestattung der Toten in Bezug auf Hygiene, geschichtliche Entwicklung und gesetzliche Bestimmungen * **Weygandt, Wilhelm** Abnorme Charaktere in der dramatischen Literatur. Shakespeare - Goethe - Ibsen - Gerhart Hauptmann * **Wlassak, Moriz** Zum römischen Provinzialprozeß * **Wulffen, Erich** Kriminalpädagogik: Ein Erziehungsbuch * **Wundt, Wilhelm** Reden und Aufsätze * **Zoozmann, Richard** Hans Sachs und die Reformation - In Gedichten und Prosastücken, Reihe ReligioSus Band III